全国高职高专规划教材·市场营销系列

C2C 网店经营与管理

杜焕香 编著

内 容 简 介

本书系统、全面地介绍了网上开店、经营和管理的基本方法和技巧。

本书紧紧围绕网上开店的关键步骤和基本操作展开，共分为 7 个学习情境。讲解了店铺定位、注册开店、发布商品、装饰店铺、网店管理——线上管理、网店管理——线下管理、售后服务等内容。以网上开店的工作过程为导向，以开店流程为主线，从专业卖家的角度出发，详细介绍了网上开店各个环节的具体操作方法，内容丰富，简明扼要，通俗易懂，具有较强的可操作性，既可作为高职高专院校电子商务类专业教学用书，也可作为电子商务工作人员和自主创业人员的业务参考用书。

图书在版编目(CIP)数据

C2C 网店经营与管理/杜焕香编著. —北京：北京大学出版社，2013.9
（全国高职高专规划教材·市场营销系列）
ISBN 978-7-301-22900-2

Ⅰ. ①C… Ⅱ. ①杜… Ⅲ. ①电子商务－商业经营－高等职业教育－教材 Ⅳ. ①F713.36

中国版本图书馆 CIP 数据核字(2013)第 169082 号

书　　　名：	C2C 网店经营与管理
著作责任者：	杜焕香　编著
责 任 编 辑：	吴坤娟
标 准 书 号：	ISBN 978-7-301-22900-2/F・3687
出 版 发 行：	北京大学出版社
地　　　址：	北京市海淀区成府路 205 号　100871
网　　　址：	http://www.pup.cn　新浪官方微博：@北京大学出版社
电 子 信 箱：	zyjy@pup.cn
电　　　话：	邮购部 62752015　发行部 62750672　编辑部 62756923　出版部 62754962
印 刷 者：	三河市博文印刷有限公司
经 销 者：	新华书店
	787 毫米×1092 毫米　16 开本　8.5 印张　202 千字
	2013 年 9 月第 1 版　2018 年 5 月第 4 次印刷
定　　　价：	18.00 元

未经许可，不得以任何方式复制或抄袭本书之部分或全部内容。
版权所有，侵权必究
举报电话：010-62752024　电子信箱：fd@pup.pku.edu.cn

前　言

随着网上购物的便捷性和实用性日益显著,网上购物渐渐成为一种时尚的生活方式,更多精明的商人开始将注意力转移到网上商店,网上开店也就成为一种时尚的营销方式。C2C网店经营与管理是高等职业院校电子商务专业的一门实训课程。为了全面提高学生在电子商务方面的综合技能,增强他们的自主创业能力,我们编写了本书。

高职教育是以培养面向基层、面向生产服务第一线的高素质技能型专门人才为目标的教育,本书作为高职高专教材,在编写过程中,主要以网上开店的工作过程为导向,以淘宝网的开店流程为主线,从卖家的角度介绍了网上开店各个环节的操作流程。全书内容通俗易懂,具有极强的可操作性,主要具有以下几个方面的特点。

第一,内容简洁,思路清晰。本书按照开店流程分为7个学习情境,围绕网上开店的实际操作过程安排教学内容。每个学习情境下根据实际工作的需要,设计了操作性强、不同类型的工作任务,对繁冗和无关紧要的理论不做介绍。

第二,注重实务,突出操作。本书以网上开店流程为主线,主要讲述了网上开店涉及的多方面的方法和技巧,侧重于实际操作和实战演练,具有很强的实用性和可操作性。

第三,编排新颖,形式多样。本书在体例的安排上,新颖灵活,适宜学生阅读。在每一个学习情境开始,设置"能力目标"、"任务导入"栏目,使学生的学习有明确的目标引导。在具体的操作过程介绍中,列举实例帮助学生理解掌握,同时设计了"小提示"、"阅读资料"等栏目,以帮助学生把握重点,拓宽知识面,培养勤于思考的学习习惯;"小结"栏目对知识进行回顾与总结;"技能训练"栏目,帮助学生培养职业能力,使之具有解决问题和创新的能力。

本书由山西财贸职业技术学院杜焕香副教授编著,在本书的编写过程中,参考和引用了国内大量相关图书资料和案例,在此谨向这些图书的作者表示衷心的感谢。同时,本书的出版得到了北京大学出版社的大力支持,在此一并表示感谢。

由于编者的水平和能力有限,书中难免存在缺陷和不完善之处,恳请广大读者不吝赐教。

编　者
2013 年 7 月

目 录

学习情境1 店铺定位 ·· 1
   工作任务1 选产品 ··· 1
   工作任务2 选择进货渠道 ·· 7
   工作任务3 制定价格 ·· 13

学习情境2 注册开店 ·· 17
   工作任务1 开通网上银行 ··· 17
   工作任务2 设计店名 ·· 27
   工作任务3 淘宝网免费注册和认证 ··· 30

学习情境3 发布商品 ·· 35
   工作任务1 商品图片美化 ··· 35
   工作任务2 商品名称确定 ··· 42
   工作任务3 商品描述 ·· 44
   工作任务4 实用的卖家工具 ·· 51

学习情境4 装饰店铺 ·· 55
   工作任务1 店铺版面设置 ··· 55
   工作任务2 个性动态店标制作 ·· 59
   工作任务3 店铺签名档及个人头像设置 ·· 63
   工作任务4 店铺公告制作与发布 ··· 66

学习情境5 网店管理——线上管理 ··· 72
   工作任务1 常用的交流软件 ·· 72
   工作任务2 顾客沟通技巧 ··· 74
   工作任务3 处理顾客留言 ··· 77
   工作任务4 卖出商品并评价顾客 ··· 78
   工作任务5 商品定时发布设置 ·· 81

学习情境6 网店管理——线下管理 ··· 86
   工作任务1 如何备货 ·· 86
   工作任务2 各种商品包装方法 ·· 91

工作任务3　主要物流方式及注意事项 ………………………………… 99
　　工作任务4　设置运费 ……………………………………………………… 102
学习情境7　售后服务 ……………………………………………………………… 108
　　工作任务1　投诉及处理 …………………………………………………… 108
　　工作任务2　处理商品纠纷 ………………………………………………… 120
　　工作任务3　处理物流纠纷 ………………………………………………… 123
　　工作任务4　处理服务纠纷 ………………………………………………… 125
参考文献 …………………………………………………………………………… 129

学习情境1　店铺定位

能力目标

通过学习情境1的学习与实践,学生应该具备以下能力:
1. 开网店前,做好硬件和软件的准备工作,并且根据充分的市场调研,确定网店所要经营的产品。
2. 结合所选择的产品及自身情况,找出适合自己的进货渠道。
3. 根据销售状况及各种定价的技巧和方法,制定合理的销售价格。

任务导入

自主创业是很多大学生的梦想,梦想自己开公司、做老板,在商界叱咤风云,实现自己的人生目标。其实,只要努力,梦想就可以变为现实,现在就从开一家小小的网店开始,一步一个台阶,去实现自己的人生价值。那么,如何在网上开一家属于自己的店铺呢?开网店的首要任务是店铺定位,具体包括选择经营什么产品、进货、定价。带着这3个任务,进入学习情境1的学习。

工作任务1　选产品

任务描述

1. 硬件的准备。
2. 软件的准备。
3. 分析市场,确定经营的产品。

网店是一个虚拟商店,不需要支付昂贵的店面租金,不需要自己或雇佣营业员站柜台,只要具备网上开店的条件,任何人都可以开网店。不过,"工欲善其事,必先利其器",成功只留给有准备的人。开网店之前,需要做好充分的准备:从硬件到软件,从选择产品、选择进货渠道到制定价格,每一步都对网店经营的未来起着至关重要的作用。

1. 硬件的准备

尽管网上开店投资少，操作简单，但是也需要具备一些最基本的条件。网上开店需要的硬件主要有可以上网的计算机、数码照相机、打印机、扫描仪、传真机和电话机等。

1）计算机与便捷的网络

首先需要准备一台能够正常上网的计算机，并保证一定的网速。网店经营者要用计算机与便捷的网络来上传图片和所有商品信息，同时与消费者取得联系，即时沟通，因此网店经营者首先要置办一台计算机。

准备好计算机后，便捷的网络也是非常重要的。网上开店，顾名思义，就是需要选择一个提供个人或企业店铺平台的网站进行开店。因为网店需要及时上传文字、图片、视频等与产品、网站相关的资料，需要利用网络与顾客或厂家沟通，所以要尽可能选择网速较高的上网方式，否则容易出现图片传送超时而失败的情况，建议选择网速比较快的光纤接入上网方式，便捷的网络是网上开店的必备条件。

2）数码照相机

网上购物，客户无法看到商品的实物，因此商品的照片质量就显得非常重要。商品照片效果的好坏，直接关系到客户是否会点击购买。网上开店主要的一部分工作就是通过图片向自己的客户展示产品，拥有一台好的数码照相机，就可以快速地把自己的商品多角度、细致地反映在客户面前，这样，成交的机会才会增加。

网店经营者在选购数码照相机的时候，千万不要只图价格便宜，一定要根据自己所销售的商品来选择照相机。如果经营的是手工艺品，或者是其他对照片清晰度要求很高的商品，就要选择像素较高的数码照相机，这样才能拍出清晰的照片。如果照片不清楚或效果不佳，就不能充分展示自己商品的优势，最终会影响商品的销售。

3）打印机、扫描仪和传真机

开网店，最好自备打印机、扫描仪和传真机。打印机的作用有两个：一是打印包裹单；二是根据客户的要求为客户打印一些小的贺卡或者一些体现网店个性的名片优惠卡。扫描仪的用途是扫描厂家提供的彩色宣传页的照片、商品包装及商品使用手册等。传真机主要用于收发文件，如果网店进入实际操作阶段，会有顾客要求签订合同，很多资料的收发也离不开传真机。

4）电话机

电话机是网上开店的常用工具，因为网络联系受制于计算机而无法随时随地进行，而固定电话机、手机则可以随时操作。电话机和手机便于顾客与店主联系，顾客打电话询问，说明有一定的购买意向，如果店主能很好地与顾客沟通并能解决顾客的问题，就可以增加成交的机会。

阅读资料1-1

网店创业者的良好心态

（1）激情——热爱所做，永不放弃。

热爱你所做的事情，充满激情地投入。

遇到困难和挫折的时候不轻易放弃，坚持、执着、乐观向上。

（2）敬业——勤恳努力，精益求精。

脚踏实地地努力经营，不怕苦不怕累，坚信一分耕耘一分收获。

不断地学习，不断地完善，不断地进步，要制定阶梯性的目标并不断去实现。

（3）诚信——以诚待客，诚信为本。

做生意诚信是基本，只有诚信才能赢得客户。

客户第一，诚信服务。

（4）创新——迎接变化，勇于创新。

用积极的态度面对市场的变化、环境的变化、客户的变化。

不满足于现状，创造变化，抢得先机。

（5）心态——良好的心态，成功的基础。

拥有良好的心态，客观平和、冷静诚恳，对于做生意、对于开店都比较有利。

态度决定一切，有好的心态、好的态度，成功一定会属于你。

2. 软件的准备

要成功开网店并经营良好，除了硬件的准备外，软件的准备也是非常重要的。

想开网店的店主要具备一些最基本的网络知识、计算机知识，简单的物流知识、营销知识及相关软件的应用技能，还要懂得一些图片的拍摄技巧。拍摄完照片，需要把照片上传到网络，所以需要熟悉如何保存、处理、修改及上传图片。另外，要了解自己所销售的商品，如商品的功能、款式、尺码、色彩、保养、维护、使用等内容。

1）物流知识

网上开店的物流相对比较简单，就是达成交易后，把货物安全、稳妥地运送到买家的过程。目前网店采用的送货方式主要有以下几种。

邮局普通包裹，基本上按重量计算，一般情况不超过10元，到货期限为7～15天。

邮政快递包裹，运费比普通包裹高，一般情况不超过15元，7天左右到货。

邮政特快专递，起价20元，是中国邮政速递物流的精品业务，以高速度、高质量为用户传递国内紧急文件资料及物品，同时提供多种形式的邮件跟踪查询服务，安全可靠，送货上门。

快递公司，15元起价，到货期限为7天左右，是目前网店选择最多的送货方式。

2）网上支付方式

目前网上购物主要有以下几种支付方式：手机支付、网上支付、邮局汇款、银行汇款、货到付款。为了方便顾客付款，店家应该提供多种选择，尽量不要只接受一种支付方式，这样很可能会因为顾客感觉不便而失去成交机会。为了增加顾客的信任度，可使用第三方支付方式，如使用人民币交易可选择支付宝、贝宝、快钱等支付工具。申请第三方支付方式的过程并不复杂，根据网站要求填写表单，然后进行身份验证，等待通知开通即可，一般2个星期以内就可完成。如果网店想要接受国际买家的订单，建议使用贝宝，支持国际信用卡支付。国际支付的手续费相对比较高，贝宝根据用户账户性质不同收取不同的手续费。

3）营销专业知识

店主应该百分之百地了解自己所经营的商品，同时，还应该掌握该行业同类商品的相关情况，才能给客户提供更专业的服务。例如，一个经营化妆品的网店店主，不仅要了解自己经营商品的适合人群、使用方法等，同时还要掌握行业中同类相近产品的状况。

4）常用软件

（1）电子邮件。电子邮件是互联网中应用最广泛的服务工具之一，邮件内容可以使用文字、图像、声音等各种格式。通过电子邮件系统，用户可以以非常低廉的价格，以非常快速的方式，与世界上任何一个角落的网络用户联络。由于电子邮件使用简易，投递迅速，收费低廉，易于保存，全球畅通无阻，所以被广泛应用，使人们的交流方式得到了极大的改变。平时常用的邮箱有网易、腾讯、新浪等门户网站的电子邮箱，如果要与国外交易，也可以使用Hotmail邮箱。当然为了轻松地收发电子邮件，也可以使用Outlook、Foxmail等工具。

（2）聊天软件。聊天工具必不可少，聊天是与顾客沟通的重要手段。现在比较通用的聊天工具主要是微软MSN、腾讯QQ等即时通信工具，或者使用交易平台的沟通软件，如淘宝网的阿里旺旺等。

（3）文字处理软件。在各种文档编辑制作软件中，Word是目前最通用最流行的工具，主要用于编排文档，编辑和发送电子邮件，编辑和处理网页等。学会Word的基本操作以后，就可以很方便地编写合同，以及编写自己的网站文案。文案编写的好坏直接影响网上销售，所以一定要把文案写好。

（4）图像编辑软件。网上开店除了要编写好的文案，另外一个非常重要的部分就是要有精美的产品图片和宣传图片，因为客户主要是通过图片来看商品，效果差、不够美观的图片会流失很多客户。是否能做出漂亮的产品图片，对网店是至关重要的。现在的图形图像编辑软件有很多种，但还是首推Photoshop。Photoshop是Adobe公司推出的图形图像编辑软件，被人们称为图像处理大师，功能十分强大。

（5）网页设计软件。在拥有了自己的网店后，还需要学习使用一些网页设计软件，这样不仅可以了解网上商店的建设原理，还可以为自己的店铺设计漂亮的宣传广告页面。一个产品定位合理的网店再配上一些漂亮的广告页面，效果会更好。开网店需要用到的基本网页设计软件主要有FrontPage和Dreamweaver，前者比较适合初学者使用，后者是专门的网页设计软件，更加专业。

> **小提示**
>
> 网上开店需要不断学习，随时充电，尤其要学习一些相关的软件知识。关于软件知识的学习，不要因为自己没有学习过计算机的相关专业知识而担心，因为学习基本的网络操作不是一件很难的事情，只要认真琢磨，好好学习，勤于思考，就可以很快上手。网上有许多相关教程，可以随用随学。

3. 分析市场，确定产品

只有产品在市场上有需求的时候，网店才会有客户，产品定位对于能否成功开设一家网店是非常重要的。将产品恰如其分地定位很不容易，这其中包括了很多应该了解的和应该掌握的市场营销和其他专业的知识。例如，产品的价格、产品的外形、产品对应的文化、产品的品种、产品的市场前景等都是确定经营何种产品必备的知识。

1）确定目标顾客

在确定产品之前，首先要确定目标顾客，从他们的需求出发选择商品。艾瑞数据显示，年轻用户是当前网购活跃用户的主体。从年龄结构具体分析，19～35岁的用户构成了网购用户的主力人群，占有率达70.9%，并且网上购物人群大多数属于城市主流人群。

目前，主流网民有两大类型，一是学生群体，二是上班族。网上销售与传统店铺销售略有不同。虽然电子商务时下比较流行，但是依然有很多人对网上购物的安全性存在疑虑，担心上当受骗，因此网上购物消费群体大部分是年轻人，且这些年轻人大多追求时尚潮流。相对来说，中年人和老年人网上购物的人数较少。所以，在网上经营老年人用品会远远不如经营年轻人用品更有市场。网店的产品定位应该以年轻人的消费品为目标，优先考虑经营年轻人的用品。当然还可以将年轻人的范围进一步缩小，进行年龄段的划分，这样目标消费群会更加明确，产品定位会更加合理。

> **小提示**
>
> 据统计，2010年淘宝网"光棍节"实现网上销售单日营业额9.36亿元，而购物天堂香港一天的零售总额才8.5亿元；2010年国庆黄金周期间全北京128家商业企业总共实现销售额7.3亿元。2011年淘宝商城"双十一"网购狂欢节实现网上销售单日收入33.6亿元，1分钟内342万人"涌入"商城，8分钟交易额破1亿元，1小时交易额达到4.39亿元，淘宝商城当日的支付宝交易额达到33.6亿元，淘宝网、淘宝商城支付宝交易总额突破了52亿元。

2) 选择合适的商品

开店之前，除了认真分析网购的消费群体，还必须把握好哪些商品适合在网上销售。一般而言，适合在网上销售的商品一般具备以下特点：体积较小，方便运输，可以降低运输成本；商品单价需超过运费，价值低于运费的单件商品是不适合网上销售的；具备独特性或时尚性；价格较合理，如果可以在网下店面用相同的价格买到，就鲜少有人在网上购买；通过网站了解就可以激起浏览者的购买欲望，如果这件商品必须要顾客亲自见到才可以产生购买欲望，就不适合在网上销售；网下店面买不到，只有网上才能买到的，如外贸订单产品或者直接从国外带回来的产品。

在决定开店以前，除了考虑网上热销产品，还要结合自身的优势来确定产品。如果自己喜欢研究化妆品，对化妆品的各个品牌、功效、价格和特点都了如指掌，那么开化妆品的店铺会比较有优势；如果自己喜欢玩网络游戏，可以考虑开电子游戏衍生品店铺。对于自己感兴趣的东西，做起来会得心应手。

> **小提示**
>
> 据中国互联网信息中心的网购年度调查分析：2010年，我国网络购物用户规模达到1.61亿人，网购渗透率达到35.1%。全年市场交易金额达到5231亿元，较2009增长109.2%。从用户购买的商品类别看，消费的生活化趋势更加明显，服装、家居等生活用品的网购消费群体继续扩大。用户购买比例排名前六的商品类别依次为，服装、3C数码、图书、虚拟卡、家居百货、化妆品。

了解主流网民的基本特征，根据自己的资源、条件甚至是爱好来确定店铺经营的主打商品。不过，有特色的店铺到哪里都是受欢迎的，如果能寻找到切合时尚又独特的商品，如一些自制的商品、玩具、服饰等，将是网上店铺的较佳选择。

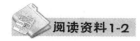

适合网上销售的商品特点

1. 体积较小。主要是方便运输，降低运输的成本。体积较大、较重而又价格偏低的商品不适合网上销售，因为邮寄商品的物流费用太高，如果物流费用由买家承担，势必会降低买家的购买欲望。

2. 价格稳定且不宜过低。价格低过运费的单件商品不适合网上销售。如果价格不稳定波动比较大，初期开店的店主需要承担风险。

3. 具备独特性或时尚性。网店销售不错的商品往往都是独具特色或者十分时尚的。

4. 价格较合理。同样的商品只有网上销售价格比网下便宜，才会有吸引力，初期开店不可能有太多的人气和订单，如果不能用价格吸引消费者，形不成量的话，很难继续下去。

5. 通过网站了解就可以激起浏览者的购买欲。网店店主可以考虑做品牌商品，因为这类商品的知名度较高，即便买家看不到实物，也知道商品的品质。

不适合网上销售的商品包括法律法规禁止或限制销售的商品，如武器弹药、管制刀具、文物、淫秽品、毒品；假冒伪劣商品；其他不适合网上销售的商品，如医疗器械、药品、股票、债券和抵押品、偷盗品、走私品或者以其他非法来源获得的商品；用户不具有所有权或支配权的商品。

在市场调查的基础上，结合自己的喜好与实际情况，请你为自己的网店选择计划经营的产品，并提交详细的实施方案。

工作任务2　选择进货渠道

1. 了解网上开店的常规进货渠道。
2. 掌握选择价格低廉进货渠道的方法。
3. 把握进货时需要注意的相关问题。

1. 网上开店常规进货渠道

确定销售的商品之后，就要开始寻找货源。网上开店之所以有利润空间，成本低是重要的因素。拥有了物美价廉的货源，就取得了制胜的法宝。常规的进货渠道大致有以下几种。

1）从厂家直接进货

一件商品从生产厂家到消费者手中要经过许多环节，多层次的流通组织和多次重复的运输过程，自然就会产生额外的附加费用。如果可以直接从厂家进货，无疑可以拿到理想的价格。正规的厂家货源充足，信用度高，如果长期合作的话，一般都能争取到产品调换。但是一般而言，厂家的起批量较高，不适合小批发客户。

如果买方有足够的资金储备和自己的分销渠道，并且不会有压货的危险或不怕压货，那就可以直接从厂家进货。

2）向批发商进货

批发商一般直接由厂家供货，货源较稳定。不足之处是因为批发商规模较大，订单较多，服务有时并不到位。而且他们都有自己固定的老客户，很难和他们谈条件，除非成为大客户后，才可能有折扣和其他优惠。在开始合作时就要明确发货时间、调换货品等事项及其责任。

如果店主有适合自己的分销渠道，并且销售量较大，可以选择批发商进货。

3）从批发市场进货

从批发市场进货是最常见的进货渠道，批发市场的商品数量多、品种全，挑选余地大并且价格较低，非常适合网店经营者进货。在批发市场进货需要有很强的议价能力，尽可能将批发价压到最低，同时要与批发商建立良好关系，在关于调换货品的问题上要说清楚，以免日后发生纠纷。

找到货源后，可先进少量的货，在网上试卖一下，如果销量好，再考虑增大进货量。如果和批发商关系好，可以等到商品全部出售以后再进货，这样既不会占资金，也不会造成商品的积压。

如果当地或者周边地区有这种大型批发市场，并且店主具备一定谈判能力，可以选择批发市场进货。

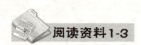

阅读资料1-3

鉴别批发市场

对于零售商来说，进货的最好渠道是批发市场。那么在庞大的市场中，如何找到最便宜的批发市场呢？这就要区别零售兼批发、批发兼零售及直销点三类不同的市场。

区别零售兼批发市场和批发兼零售市场比较容易。零售兼批发市场主要是做零售，商品种类较多，在有客户需要时，也可以兼做批发业务；批发兼零售市场主要是做批发,商品品种较少,当有客户需要时,也可以兼做零售业务。批发兼零售的地方价位相对便宜。

区别批发兼零售市场和直销点要观察周围的环境。直销点货物的吞吐量比较大,店面之间的走道宽阔,清晨和晚上车子是可以进去装卸货的。还有,直销点所有的货物都是打包卖的,不接受零售,价格是最低,但是要求必须订货量大,量小的话卖家不会交易。

所以,有时间去市场逛逛,去直销点进货,既便宜,又有质量保证,而且做久了是可以退换货的。

4)购进外贸商品

许多工厂在外贸订单和知名品牌的贴牌生产之外,也会有一些剩余产品处理,价格十分低廉,通常为市场价格的2~3折左右,品质做工有保证,是一个不错的进货渠道。但一般要求进货者全部买进,所以店主要有一定的经济实力。

如果店主有可靠的货源渠道与经济实力,并且有一定的识别能力,可以选择购进外贸产品的进货渠道。

5)买进库存或清仓商品

商家急于处理的商品的价格通常极低,如果店主有足够的议价能力和经济能力,可以以一个极低的价格买下,然后到网上销售,完全可以利用地域或时间差获得足够的利润。

选择这种进货渠道要求买家要有很强的质量识别能力并对该行业比较了解,还要建立好自己的分销渠道。进货时要小心,像日用品、高科技产品及有效期短的商品,最好不要大量进货。

6)特别的进货渠道

如果店主在中国香港或是海外有亲戚朋友,可以请他们帮忙,进到一些国内市场上看不到的商品或是价格较高的产品,如可以找人从香港进一些化妆品、品牌箱包等,也可以从日本进一些电子产品,还可以从俄罗斯进一些工艺品。如果离边境近,还可以办一张通行证,自己亲自出去进货,这样就会更有特色和价格优势。不过这种进货渠道要求店主一定不能违反商品出入境的相关法律法规,有独到的眼光并能把握流行趋势。

2. 选择价格低廉的进货渠道

网上开店成功的关键因素之一是成本较低。掌握了物美价廉的货源,就掌握了网店经营的关键。以服饰类商品为例,一些知名品牌均为全国统一价,在传统店面基本不打折,而网上可以卖到7~8折。很多服饰、箱包类商品的价格都是商场的2~7折。

那么,如何才能找到价格低廉的货源呢?

1)充当市场猎手

密切关注市场变化,充分利用商品打折时机找到价格低廉的货源。例如,网上销售非常火爆的名牌服装,常常是卖家在换季时或从特卖场里淘到款式品质上乘的品牌服饰,再转手在网上卖掉，利用地域或时间差价获得足够的利润。网上有一些化妆品卖家，与高档化妆品专柜的主管熟悉之后，可以在新品上市前抢先拿到低至7折的商品，然后在网上按专柜9折的价格卖出，因化妆品售价较高，利润也相当丰厚。

2）关注外贸商品

外贸商品因其质量、款式、面料、价格等优势，一直是网上销售的热门品种。很多在国外售价上百美元的名牌商品，网上售价仅为200元人民币左右，受到众多买家的青睐。

如果买家有熟识的外贸厂商，可以直接从工厂拿货。在外贸订单的剩余产品中有不少好商品，这部分商品大多只有1~3件，款式常常是下一年或当下流行的，而价格只有商场的4~7折，很有市场。

3）买入库存积压的品牌商品

有些品牌商品的库存积压很多，一些商家直接把库存全部卖给专职网络销售卖家。品牌商品在网上备受关注，很多买家都通过搜索的方式直接寻找自己心仪的品牌商品。而且不少品牌虽然在某一地域属于积压品，但网络覆盖面广的特性，完全可使其在其他地域成为畅销品。如果买方有足够的议价能力，能以低廉的价格把商家积压的库存买下来，一定能获得丰厚的利润。

4）留意批发市场的商品

多关注批发市场不但能实时地熟悉行情，还可以拿到很低的批发价格。通过和一些批发商建立良好的合作关系，能够拿到第一手的流行货品，而且能够保证网上销售的低价位。

找到货源后，可先进少量的货物试卖一下，如果销量好再考虑增大进货量。价格低固然是要考虑的关键因素，但同时也要和批发商确认能否退换货物。因为对于刚刚开始网上创业的人来说，刚开始进货量一般不会大，由于品种等原因，销售量在开店初期也不会特别好。所以对很多人来说，能退换货是降低风险的重要因素。

5）浏览电子商务批发网站的商品

由于我国大型的批发市场主要集中在几个城市里，从批发市场进货会受到地域的限制，而阿里巴巴、生意宝等作为网络贸易的批发平台，充分显示了其地域覆盖面广的优越性，为很多商家提供了更大的选择空间。这些网络平台不仅查找信息方便，还提供专门服务并且起批量很小。网上批发的优势非常明显，不仅可以减少成本、节约费用，而且还可以降低买家资金和库存的压力。

作为一位新开网店的店主，要养成以上几种习惯，找到物美价廉的货源，提高自己商品的竞争力。

3. 进货的注意事项

1）确定科学合理的进货金额

选好要经营的产品，确定了物美价廉的进货渠道还不够，作为一名网店的经营者还需要了解进货的金额、质量、种类该如何确定，进货资金和流动资金的比例该如何确定，什么时候补货及如何确定补货的数量等相关问题。

确定进货金额有一种比较简单的方法，即把网店单月的全部经营成本加起来（包括人员工资、水电费、网站的管理费用等），然后除以毛利率，得出的数据就是每月进货的最低金额，用这种方法的主要原因是经营成本与销售毛利率比较易于核算。例如，网店每月经营成本为6 000元，产品卖出的毛利率平均为20%，网店每月需要进货30 000元，并且30 000元全部转化为销售收入，网店才能达到收支平衡。计算的过程为：6 000÷0.2=30 000（元），也可以用30 000×0.2=6 000（元），两种方法都可以，实际上是说明当销售收入达到多少时，正好能把支付的成本费用收回来，再多出去的部分就是网店的利润了。又如，如果销售收入每月达到80 000元，那么网店每月的利润就有50 000×0.2=10 000（元）。

第一次进货的商品种类应该尽量丰富，因为刚开始需要给顾客多种选择。当对顾客有了一定了解的时候，就可以锁定一定种类的产品，因为资金有限，只有把资金集中投入到有限的种类中，才可能扩大单个产品的进货量，批发商才会给予低的价格。

进货时，每个单品起码要有3件才能够维持比较良性的商品周转。当一件商品出现热销，而该件商品刚好只有一件，那么很快就需要为这件商品单独补货，无论从时间还是资金上看，都是得不偿失的。如果不补货，又只好眼睁睁看着顾客失望地离开。一般情况下，3件商品的进货量可以做到与其他商品一起补货，从而提高补货效率，节约补货开支。

2）获得批发商的支持

批发商能否给买家较低的价格取决于两个因素：第一是首次进货金额，如果首次进货金额大，批发商就会认为买家有实力；第二是补货的频率，如果经常到批发商那里去补货，即使数量不多，但批发商还是认为买家店铺货物周转快，能够为他带来长期的效益。批发商对买家的支持表现在一旦有新货会尽快通知，而且可能下次进货的时候会自动把价格调整下来。还有就是批发商对他认为重要的客户，会透露近期哪类商品热销，这些信息会使网店经营者对市场和客户的判断更加准确。

3）了解批发市场的规则

（1）不要在批发商店慢慢检查产品。当提到货物后，只要把数量点清就可以，一般回去发现产品有问题后再要求更换（当然与进货时间间隔不要太长）。如果提货后马上在批发店里点货、验货，会让批发商感到反感，不愿意和这样的顾客打交道。

（2）批发商一般不会接受更换商品种类的要求。进货时，千万不要对批发商提出"如果产品不好卖能不能换成好卖的商品"这类问题，如果这样问，会被批发商认为是生意场上的新手，这样他的报价就会高。批发商没有义务为顾客承担进货的风险。

（3）批发市场里面价格的调整幅度很小。批发商批发单件商品的利润很低，商品价格的下调不可能像零售商一样，一般调整都在2%～3%，降5%就已经是幅度很大的折扣了，所以和批发商议价时需要注意。在批发市场一般货物的运输都是通过公路或者铁路（因为运输成本比快递低得多）运输，而且都是买家自己负担运费，批发商最多提供托运服务，但是搬运到货场的费用和运费肯定都是买家自己承担。

> 刚开店时，生意不一定好，店主可能会在一段较长的时间里承受收入不稳定的压力。不过要明白，这个世界上没有一个人能随随便便成功，风雨之后才会见彩虹。态度是影响人一生的重要因素，要明白开店不会一帆风顺，会遇到各种挫折和打击，店主要做好承担压力的心理准备。

阅读资料1-4

适合网上开店的人

（1）企业管理者。

（2）拥有货源的人。

（3）需要处理手中旧货的人。

（4）初次创业者。

（5）全职企业白领。

（6）拥有自己实体店的人。

（7）大学生。

（8）绝对"网虫"。

（9）自由职业者。

根据自己选定产品的特点及自身的优势，确定进货渠道并提交方案。

工作任务3　制定价格

任务描述

1. 了解定价的步骤。
2. 掌握常用的定价方法。

商品定价在网店销售中是非常重要的一个环节，网上同类商品的价格基本上是透明的，顾客能够很轻松地了解到商品的全部价格，谁高谁低，一目了然。商品价格的制定要适中，过高的价格对销售不利，也不具可行性；定价过低，不利于生意的正常有序发展。

1. 商品定价的步骤

在具体定价时，需要依据以下步骤确定商品价格。首先，根据商品的进货渠道，精确计算选定商品的成本；其次，调查目标顾客所能接受的价格范围；再次，要了解网店竞争对手的价格；最后，确定自己所选产品的价格。

阅读资料1-5

网上开店的心理准备

（1）不要马上就想赚钱。
（2）不要怕别人知道自己是新手。
（3）不要不好意思。
（4）要互相帮助。
（5）一定要有耐心和信心。

2. 制定价格的方法

制定合理的价格有以下几种常用的定价方法。

1）取脂定价法

取脂定价法是指在新产品进入市场的初期，利用消费者的"求新"、"猎奇"心理，高价投放市场，其目的在于赚取丰厚的利润，以期迅速收回成本。当企业竞争者纷纷出现时，可根据市场情况逐渐降低价格。在市场有足够的购买者并且他们的需求缺乏弹性，或者竞争者不容易加入的情况下，适合采用取脂定价法。

这种定价方法的好处是：能尽快收回成本，赚取利润；高价可以塑造优质产品形象；扩大价格调整的回旋余地，提高价格的适应能力。

这种定价方法的不足是：一定程度上有损消费者的利益；不利于开拓市场；由于利润高，容易吸引竞争者加入，加剧竞争；市场销售量和市场占有率的提高受到限制。

2）渗透定价法

渗透定价法是指以低价投放新产品，使产品在市场上广泛渗透，以提高企业的市场份额，然后再随着市场份额的提高调整价格，以实现企业盈利目标的定价方法。这种定价方法主要是迎合消费者求廉、求实的购买心理，给消费者以物美价廉、经济实惠的感觉，刺激消费者的购买欲望，待将来新产品打开销路、占领市场以后，再逐步提价。对于价格弹性大的商品或者企业想快速提高市场占有率的情况下，可以采用渗透定价法。

这种定价方法的好处是：有利于提高企业的市场占有率；有利于树立企业的良好形象；有利于企业长期占有市场。

这种定价方法的不足是：投资回收期长，价格变动余地小；提高价格时消费者会产生抵触心理，有可能转而购买其他品牌。

3）尾数定价法

尾数定价法是指保留价格尾数，采用零头标价。实践证明，在一定程度上，消费者更乐于接受尾数价格。他们认为整数是一个概略计算，不十分准确，而尾数价格会给人以精确感。此外，尾数可使消费者感到价格保留在较低一级的档次，从而减轻心理抗拒感。

尾数定价法能使消费者产生以下心理效果：让消费者产生价格便宜的心理错觉；让消费者相信企业制定的价格是科学、合理、有根据的；如果选择的数据寓意吉祥（比如，6、8、9等），会使消费者心理得到满足，产生美好的联想。

不过如果网店意欲树立其产品的高价位形象时，切忌使用这种方法。

4）整数定价法

整数定价法是指去零凑整的定价方法。整数价格适用于价格特别高或者特别低的产品。对于一些款式新颖、风格独特、价格较贵的产品，采用整数定价法可以满足消费者高消费的心理。例如，将998元的产品定价为1 000元，就可以赋予产品千元的形象；而对于某些价值很小的日用品，如定价0.20元应该比0.19元好，付款也比较方便。

5）声望定价法

价格通常被看作产品质量最直观的反映，特别是消费者在购买名优产品时，这种心理尤其强烈。因此，对那些在消费者心目中享有名望、具有较高声誉的产品制定高价，可以扩大销售。这种定价方法既补偿了提供名优产品企业的必要耗费，又有利于满足不同层次的消费需求。消费者通过购买声望产品来显示自己的社会地位和经济实力，获得心理上的满足。

6）习惯定价法

习惯定价法是按照消费者的习惯心理制定价格。消费者在长期的购买实践中，对某些经常购买的产品，在心目中已形成了习惯性的价格标准，不符合其心理标准的价格容易使消费者产生疑虑，从而影响购买。对这类产品定价时，应充分考虑消费者的习惯性倾向，不可随意变动价格。如果确实需要调价，应预先做好宣传工作，让消费者充分了解提价原因，做好心理准备，再择机调价。

7）理解价值定价法

理解价值定价法是根据消费者对产品价值的感受及理解程度（而非产品成本）进行定价。消费者在购买产品时，总会在同类产品之间进行比较，选择那些既能满足需要又符合其支付标准的产品。例如，普通商店出售的可口可乐是每罐2.5元，而在五星级酒店，价格会成倍上涨，但消费者能够接受。这种定价的关键之处在于，正确判断消费者的理解价值，如果产品价格远远高于其理解价值，消费者会感到难以接受；如果价格远远低于其理解价值，则会影响产品形象。

8）招徕定价法

招徕定价法也称牺牲品定价法，是指零售商以少数产品为牺牲品，将其价格定低，以招徕消费者，吸引他们来到店里，并期望他们购买其他正常标价的商品。

9）处理定价法

由于经营不善、决策失误、国家法规限制或技术方向转移等原因，可能会出现产品品质下降或积压滞销的状况，针对这种情况，可以采用处理定价法。

采用处理定价法需要注意：降价幅度要适宜，太大或者太小都达不到应有的效果；价格应保持相对稳定，切忌经常波动；把握好降价的时机。

10）折让定价法

折让定价法是指在特定条件下，为了鼓励消费者及早付清货款、大量购买或在淡季购买，以低于原定价格的优惠价格向消费者销售产品。这种定价法的主要目的是满足消费者求"实"、求"廉"、求"新"的心理。

折让定价法一般分为3种：数量折让，根据消费者一次或累计购买的产品数量和金额给予折让，如"满100送20"、"买二送一"等活动；季节折让，是指为了鼓励消费者在淡季购买季节性产品而给予的价格优惠，可以尽快处理，收回资金；新产品推广折让，为了使新产品打开销路鼓励消费者积极购买而制定的优惠价格。

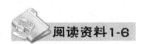

开网店失败的主要原因

（1）未对自身进行谨慎评估。

（2）开店定位不明确。

（3）经营者一厢情愿地销售自己喜欢的商品。

（4）对网店前景的预测过于乐观。

（5）广告投资收益低。

（6）有业绩，没利润。

（7）缺乏独特的竞争优势。

（8）不够用心。

（9）经营团队存在问题。

运用所学的定价技巧，为自己的商品制定合理的价格。

在开网店之前，需要拥有可以上网的计算机、数码照相机、打印机和扫描仪、传真机、电话机等相关硬件设备，并且还需要具备一些最基本的网络知识、计算机知识、简单的物流知识、营销知识及相关软件的应用技能，懂得一些图片的拍摄技巧，熟悉自己所经营的商品。只有具备了以上条件，才可以策划开一家网店。

俗话说：机会只留给有准备的人。开网店之前，除了必需的硬件和软件知识外，从选择产品、选择进货渠道到制定价格，每一步都对网店经营的未来起着至关重要的作用。首先根据充分的市场调查，确定网店经营的产品。确定产品后，了解网上开店的常规进货渠道，如批发市场进货、厂家直接进货、购进外贸商品、买进库存或清仓商品及寻找其他特别的进货渠道。依据以上常规的进货渠道，进一步分析出价格低廉的进货渠道，然后根据自己选定产品的特点及自己的优势，确定最佳的进货渠道。在了解常见的定价技巧基础上，根据进货渠道，精确计算选定产品的成本，通过调查目标顾客所能接受的价格范围，比较网店竞争对手的价格，最终确定所选产品的价格。

完成这些准备工作后，下一步就可以正式注册开店。

学习情境2　注册开店

能力目标

通过学习情境2的学习与实践，学生应该具备以下能力：
1. 开通网上银行。
2. 掌握起店名的方法，并为自己的店铺取名。
3. 熟悉并实践淘宝网的开店流程。

任务导入

经过充分的市场调研及反复的比较与思考，选择网店经营的产品后，接下来就要注册开店。注册开店的过程中，有很多问题需要解决。例如，是到专业的大型C2C网站注册开店，还是申请自己的域名开网店？如何开通网上银行？起什么样的店名合适？带着这些任务，进入学习情境2的学习。

工作任务1　开通网上银行

任务描述

1. 开通网上银行。
2. 网上银行的安全问题。
3. 开通数字证书，确保支付的安全。

在了解网上开店的前期准备工作后，接下来通过一步一步的操作，建立起属于自己的网上店铺。

1. 开通网上银行的步骤

网上银行是指银行借助网络向客户提供金融服务的业务处理系统。它是一种全新的业务渠道和客户服务平台，客户可以足不出户地享受到不受时间、空间限制的银行服务。想要进行在线支付，仅仅有一张银行卡是不够的，还需要为银行卡开通网上支付功能，可以到银行柜台开通,也可以通过银行网站开通。不同的银行,银行卡网上支付功能开通的方式不同。

网上银行,一般分为大众版和专业版。专业版必须由用户本人到银行网点申请办理数字证书,大众版允许客户凭身份证、账号和密码在网上自助开通。但大众版只能提供查询、小额支付等基本功能,专业版可提供转账支付等功能。

下面以招商银行为例,详细介绍个人银行大众版网上支付功能开通的步骤。

1)招商银行借记卡网上银行开通流程

(1)选择"个人银行大众版"。

申请个人网上银行,可以在银行柜台开通银行卡时,同时开通网上支付功能。如果没有开通网上支付功能,也可在招商银行网站开通。打开招商银行网站首页,选择"个人银行大众版",如图2-1所示。

图2-1 招商银行网站首页

(2)进入"个人银行大众版"界面后,选择"一卡通"选项卡,并输入相关信息,单击"登录"按钮,如图2-2所示。

图2-2 个人银行大众版"一卡通"登录界面

（3）填好相关信息，登录"一卡通"，进入个人银行大众版界面，选择"网上支付"中的"网上支付申请"选项卡并点击，如图2-3所示。

图2-3　个人银行大众版界面

（4）点击"网上支付申请"，进入申请网上支付功能界面，并点选"一卡通网上支付"选项，点"确定"按钮，如图2-4所示。

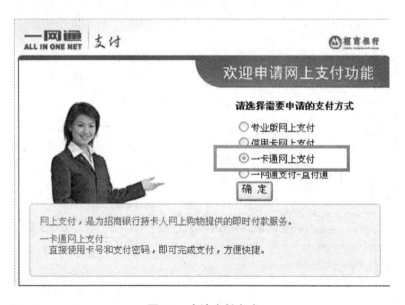

图2-4　申请支付方式

（5）阅读相关责任条款，点选“是”单选按钮，单击“继续在网上申请”按钮，如图2-5所示。

一卡通“网上支付”申请

招商银行一卡通“网上支付”系统说明及责任条款

⑴“一网通”——网上支付（以下简称“网上支付”）是招商银行通过互联网络（Internet）向“一卡通”客户提供的网上消费支付结算电子银行系统。

⑵客户通过互联网络（Internet）访问招商银行网页，使用“网上支付”功能，通过“一卡通”网上支付额度进行网上购物、消费等交易。客户对通过“一卡通”网上支付功能发生的网上购物、消费指令及由此产生的结果承担一切民事责任。

⑶客户凭“一卡通”卡号及网上支付专用密码进行网上付款操作。客户需妥善保管“一卡通”卡号和网上支付密码，不得将本人卡号和密码转告他人，否则由此产生的风险及损失由客户本人承担。客户如遗忘网上支付密码，可通过网上银行大众版、专业版或凭本人开户证件和"一卡通"到招商银行重置密码。

⑷ 使用“网上支付”功能，每日累计网上消费交易额最高为5,000元，其中通过第三方支付公司进行的交易每日累计限额为500元，客户也可自行设定限额，但不得高于我行设置的最高限额。我行可根据业务发展需要修改限额，无须对客户另行通知。请客户留意本行有关公告及网页说明。

⑸ 在网上开通网上支付功能，开通后将会有一段“保护期”。在保护期内，进行网上支付时，每日累计网上消费交易额最高为500元。在保护期结束后，即可恢复至每日5000元的正常累计网

是否接受责任条款 ⦿ 是 ○ 否

继续在网上申请　改用柜台申请

图2-5　一卡通“网上支付”申请责任条款

（6）填写详细个人申请信息并单击“提交”按钮，如图2-6所示。

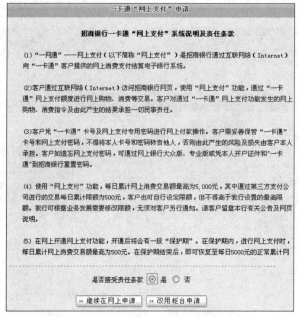

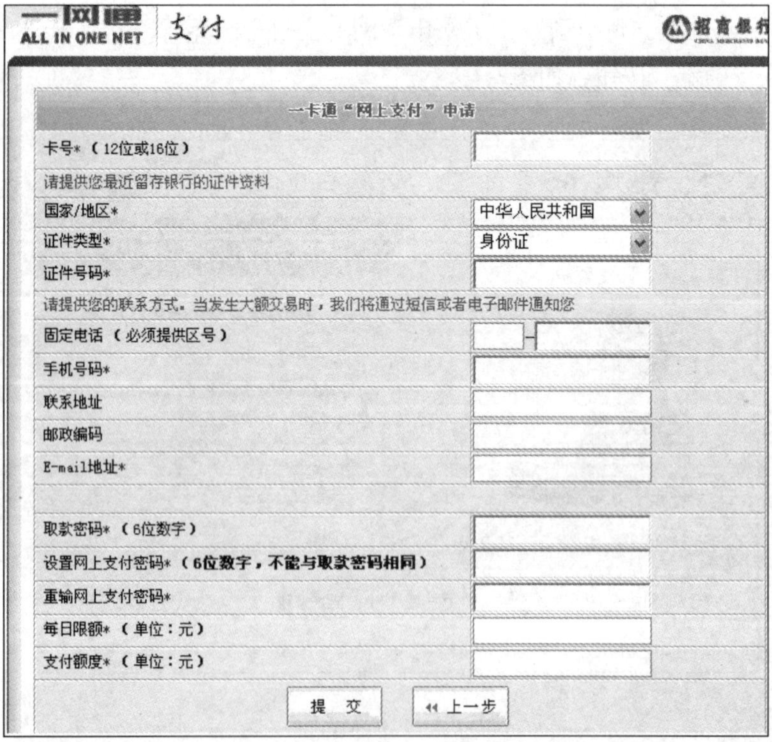

图2-6　填写个人申请信息

（7）开通成功后，就可以进入"个人银行大众版"界面，在"网上支付"子菜单中选择"网上支付额度管理"选项，设置每日限额与网上支付额度，如图2-7所示。

图2-7　选择"网上支付额度管理"

2）招商银行信用卡网上银行开通流程

（1）在招商银行首页，选择"个人银行大众版"，如图2-8所示。

图2-8　招商银行首页

（2）进入"信用卡网上银行"界面后，选择"信用卡"选项卡，并按要求输入相关信息，包括"卡号"、"查询密码"、"附加码"，单击"登录"按钮，如图2-9所示。

图2-9　个人银行大众版"信用卡"登录界面

（3）登录后，在"网上支付"子菜单中选择"网上支付功能申请"选项，如图2-10所示。

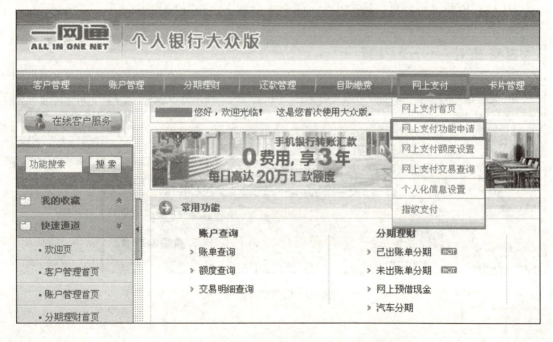

图2-10　个人银行大众版"信用卡"管理首页

（4）进入信用卡网上支付功能申请界面，选择需要申请的信用卡卡号，并点击"申请"，如图2-11所示。

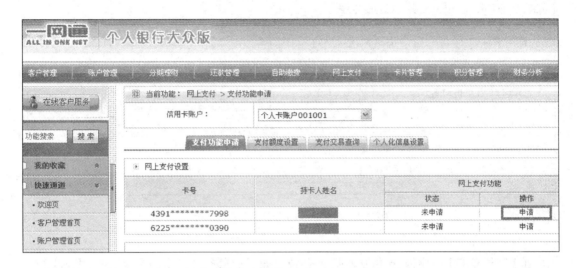

图2-11　网上支付功能申请界面

（5）阅读相关使用协议并勾选"本人同意以上合约"复选框，单击"确定"按钮，如图2-12所示。

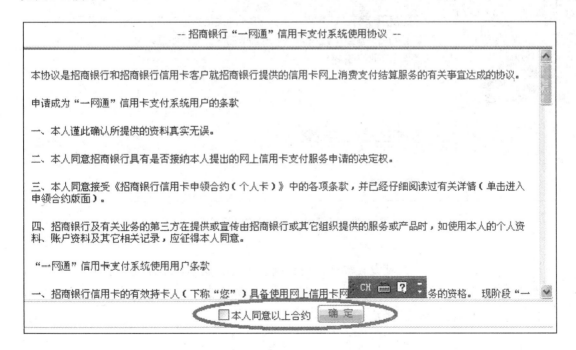

图2-12　"一网通"信用卡支付系统协议

（6）在弹出的消息框中，单击"确定"按钮，如图2-13所示。

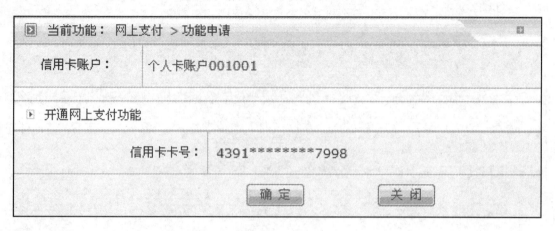

图2-13　确定开通信用卡网上支付功能

（7）开通信用卡网上支付功能后，会弹出如下消息框，点击"网上支付额度设置"选项，如图2-14所示。

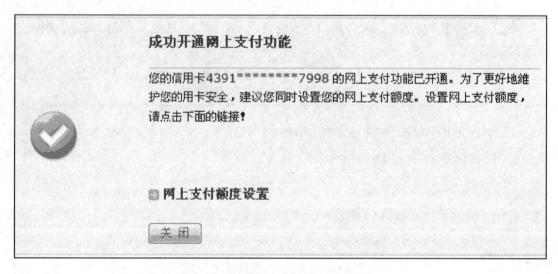

图2-14　提醒网上支付额度设置界面

（8）进入网上支付额度设置界面，设置网上支付额度，具体设置如图2-15所示。需要注意的是，如果信用卡设置了网上支付额度后，当网上消费累计金额大于设置金额时需要重新设置，设置前将累计消费金额清零。

学习情境2 注册开店

图2-15 "网上支付额度"设置界面

> 客户如果想申请网上银行服务,可持本人有效身份证件和银行卡,到相应银行的营业网点办理申请网上银行的相关手续,也可到相应的银行网站在线申请网上银行服务,但有些银行要求在线申请后,需本人持有效身份证件和银行卡到柜台签约,才能开通在线支付等网上银行的各种服务。

阅读资料2-1

网上银行业务介绍

(1) 基本介绍。在线查询账户余额、交易记录,下载数据,转账和网上支付等。

(2) 网上投资。包括股票、期权、共同基金投资和买卖多种金融产品服务。

(3) 企业银行。账户余额查询、交易记录查询、总账户与分账户管理、转账、在线支付各种费用、透支保护、储蓄账户与支票账户资金自动划拨、商业信用卡等。

(4) 其他金融服务。理财、保险、抵押和按揭等。

2. 网上银行的安全问题

登录网上银行的一般步骤为登录、数字认证、密码验证。不过，各家银行采用的具体登录方式不同，即使是同一家银行，也会让客户选择多种登录方式。一般情况下采用银行卡号、身份证号登录，有的银行也会让客户自己设置用户名登录，也有不用输入用户名即可登录的，如招商银行、中国农业银行等。相对来说，数字证书略微复杂一点。数字证书是网上银行用户使用的一种将个人信息与电子签名唯一绑定的电子文件，通过它可对网上交易进行身份确认，确保交易的唯一性和完整性。数字证书又分为"移动数字证书"和"文件数字证书"。"文件数字证书"是IE浏览器证书，成本低，客户只需要将此证书的软件安装在计算机上即可使用；"移动数字证书"外形类似U盘，安全性高，便于携带。

有了数字证书后，等于为客户设置了3道防火墙：用户名、密码、数字证书，这就能提供最基本的网上银行安全保障。需要注意的是，在网上银行的转账功能中，会涉及支付密码，一般支付密码和登录密码不宜设为同一个密码。

3. 开通数字证书

开通网上支付功能后，为了保证网上交易的安全性，最好开通数字证书。数字证书可以对网络上传输的信息进行加密和解密、数字签名和签名验证，确保网上传递信息的机密性、完整性，以及交易实体身份的真实性，签名信息的不可否认性，从而保障网络应用的安全性。

下面以交通银行为例说明如何开通数字证书。

1）开通网上支付

如果用户已申请太平洋卡或定期一本通，登录交通银行网上银行网站，同意个人网上银行协议条款，即可用卡号和密码登录个人网上银行，不需注册。

2）开通手机注册版数字证书

（1）用户携带太平洋卡及开立太平洋卡时使用的有效证件，到交通银行柜台办理相关业务，填写"交通银行个人网上银行业务申请表"、"交通银行卡转账协议"。

（2）用户签约时必须提供手机号码，在进行转账业务办理时，如果当日转账累计金额超过银行规定限额5 000元，系统会以手机短信形式发送动态密码到用户手机，用户输入正确的动态密码后提交，方可完成转账。

（3）用户注册后，登录个人网上银行首页，选择手机注册用户登录，设置网上银行用户名和网上银行密码。输入网上银行签约卡卡号、查询密码及校验码，系统会发送动态密码手机短信给用户，并进入到网上银行用户名和网上银行登录密码设置页面。

（4）用户设置网上银行用户名和网上银行登录密码，输入动态密码确认，表明设置登录用户名和登录密码成功。用户就可以用网上银行用户名和网上银行登录密码登录个人网上银行。

3)开通证书认证版数字证书

(1)用户携带太平洋卡及开立太平洋卡时的有效证件,到交通银行柜台办理业务,填写"交通银行个人网上银行业务申请表"、"交通银行卡转账协议"。

(2)用户在柜台购买USB Key,并获得在证书认证版开户时生成的协议号。

(3)用户打开个人网上银行证书下载页面,输入网上银行签约卡的卡号、密码、验证码及网银协议号,选择正确的驱动程序,下载数字证书,设置证书密码。

(4)用户每次登录时需插入USB Key,输入证书密码,登录个人网上银行。

设置密码的原则

(1) 密码设置要尽量复杂,不要有规律,可以使用英文字母加数字或者符号的组合密码。

(2) 不用自己的用户名或者用户名的一部分作为密码。

(3) 不用别人很容易得到的电话号码、生日、身份证号等作为密码。

(4) 不要使用自己或配偶的姓名等作为密码。

(5) 不要使用邮件地址中的一部分作为密码。

(6) 密码长度至少为6位。

开通个人网上银行。

工作任务2 设计店名

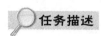

1. 熟悉网店命名的原则。
2. 掌握网店命名方法并学会灵活运用。

店铺名称一般位于店铺的左上角,这是一个比较吸引人的地方,设计一个富有创意的好店名,会在以后的经营中受益匪浅。

1. 网店命名的原则

店铺的名字就像人的名字一样，一个好听、好记、琅琅上口的名字会对顾客心理产生微妙的影响。好的店名容易激起顾客的购买欲，对网店起到推销的作用，有利于声名远播。店铺命名的基本原则是名副其实，除此以外，下面几点也需引起注意。

1）简洁明了

简洁明了、通俗易懂的店名不仅读起来响亮畅达，琅琅上口，而且也易于让别人记住，因此简洁明了十分重要。如果店名用字生僻，读起来拗口，那就起不到应有的作用。

2）与众不同

店名要用与众不同的文字，使自己的网店表现特别，能在众多同行中引人注目。用现代商务运作的观点来看，一个与众不同的店名实际上意味着一种独立的品位和风格。

3）彰显特点

店铺的名字要彰显自己的行业特点，让别人一看店名就知道店铺经营的商品，能够表明自己的店铺性质和经营范围。例如，如果卖的是钱包，一定从店名上就知道销售的产品是钱包；如果店铺卖的东西比较多而且杂，那么就以主打产品来给自己的网店命名，这样便于增加买家搜索到自己店铺的机会。

4）吉利顺口

用吉利的名字符合商场上人们的一种普遍心理，无论买方还是卖方，都希望能够大吉大利，例如，369服装店、桂发祥麻花等。当然，在生意场上的竞争，关键是创出自己的品牌，打出自己的"金字"招牌。

阅读资料2-3

店铺命名的注意事项

（1）表明店铺的性质和经营范围，如"钟表修理店"，"钟表"是范围，"修理"是性质。

（2）表明服务对象，如"盲人服务店"、"少儿书屋"表明其服务对象分别是"盲人"和"少儿"。

（3）体现服务特色和风格，如"自助火锅店"，特色是"自助"。

（4）表明店主身份特征，如"刘一手火锅店"，店主叫"刘一手"。

（5）表明营业时间的长短，如"24小时超市"。

（6）表明店面的大小和方位，如"小不点发廊"、"转弯蒸饺"。

（7）暗示价格的幅度，如"二元店"、"百元裤业"等。

2. 网店命名的具体方法

在了解网店命名的基本原则后，下面介绍店铺命名的具体方法。

1）以经营者本人的名字命名

这是突出个人信誉的命名方法。例如，"冠生园"食品就是取自老板的名字"冼冠生"；天津"盛锡福"帽店原名是"盛聚福"，老板刘锡三为了突出信誉，便改名为"盛锡福"，并以"三帽"为商标，把他的名字"锡三"两字与店名、商标结合为一体。

2）以经营者团体命名

这是突出集团信誉、体现企业文化的命名方法。在以经营者团体命名的老字号中，北京"六必居"的命名有这样一段趣闻：六必居创业之初，店铺有股东六位，重金请宰相严嵩题写店名，严嵩先写了"六心居"三个字，写完后细品，觉得中国人中总有各人自扫门前雪的现象，六心焉能居一处，于是又提笔在"心"上添了一撇，便成为"六必居"，使店名又多了一层含义，暗示团结协作之意，突出企业信誉，自此名扬天下。

3）结合汉字的原理命名

这样的命名往往能给人以融会贯通、回味无穷的感觉。汉字是中国特有的文化，寓意含蓄，字形优美，变化无穷。以汉字取名，字义上要健康，有现代感、冲击力，品味起来有深度，利于传播。无论是寄托意愿还是描写特征都构思独特、意境深远。音律上要琅琅上口，有韵律美。字形上要有创意，易于识别。例如，"美尔雅"、"美加净"等。

4）以地域文化命名

借用地域文化命名，如"白沙"牌香烟，"白沙"取自湖南长沙市著名的"白沙古井"，而且名中暗藏着"长沙"之"沙"。还可以结合本地的地方特产来给自己的网店命名，如山西柳林红枣店、长白山补品店等。

5）以典故、诗词、历史逸闻命名

这样的命名简明达观，富有艺术感染力。例如，北京的"张一元"茶庄，取自"一元复始，万象更新"的典故，又暗老板以一元钱起家的经历，简单明了，易读易记。北京的"都一处"烧卖馆的命名更富戏剧性。清乾隆三年，山西王姓商人在北京鲜鱼口南街开了家无名酒店，为了在竞争中求生存，坚持除夕夜照常营业。正好在乾隆十七年的除夕，乾隆皇帝从通州微服私访归来，人困马乏，转遍京城唯见这家酒店灯火通明，生意兴隆，便入店饮酒，问酒店字号，伙计答曰无名号，乾隆感慨地说："这时候不关门的酒店，京城只有你们一处了，就叫'都一处'吧。"回宫后，乾隆御笔亲题"都一处"店名，并制成虎头匾送与此酒店。自此，"都一处"誉满京城。诗词歌赋里面蕴含很高的文化和文学价值，能够使人产生丰富的联想，因而也能够成为网店命名的素材。例如，"天外音"乐器店，"天外音"取自唐代诗人宋之问的"桂子月中落，天香云外飘"。

6）以英文等外文的谐音命名

这种命名方法往往会给人一种时尚、前卫、新潮的感觉。而且，国际性品牌最好用中英文发音接近、意义好的词。例如，"雅戈尔"便是"Younger"（年轻的、青春的）的谐音；酷儿服饰店是选用"Cool"（凉爽的）的谐音；"瑞得厦"餐厅，也是选用"Red Sun"（红太阳）的谐音。

7）以丑极生美的辩证思想命名

这种命名方式是以丑的形式来映衬美的实质，使店铺命名特征突出、影响深刻。例如，迎合消费者求奇的心理的有北京的"王麻子"剪刀、成都的"麻婆豆腐"等。

8）巧用数字

用数字给网店命名也可以是一个不错的方法，因为巧用数字的优点很多。一般来讲，用数字命名的网店便于识别，给人印象深刻，而且用数字命名易于表达寓意。例如，8848电子商务网站、369服装店。

以上这些命名的方法技巧，实体店、网店都可使用，网店与实体店在命名时还是有一些区别，再加上经营的商品也有不同，因此在具体命名时，应该具体分析，灵活掌握。

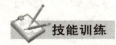

不要随便更改自己的店名。作为买家，会记下一些用户名或是店名，所以随意、频繁地更换店名不利于老客户识别，容易流失客源。

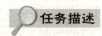

根据网店命名的一般原则，为自己的店铺取名。

工作任务3　淘宝网免费注册和认证

任务描述

在淘宝网上注册开一家网店。

淘宝网（www.taobao.com）由全球最佳B2B平台阿里巴巴公司投资4.5亿元创办，致力于成就全球首选购物网站。淘宝网，顾名思义——没有淘不到的宝贝，没有卖不出的宝贝。因为淘宝网占据了中国90%以上的网上购物市场，所以下面重点介绍如何在淘宝网上开店。

1. 在淘宝网注册账户

（1）进入淘宝网网站首页，单击"免费注册"按钮，如图2-16所示。

图2-16　淘宝网首页

（2）进入注册界面后输入用户名，输入密码两次（密码尽量不要过于简单），输入图片中的验证码，单击"同意以下协议并注册"按钮，如图2-17所示。

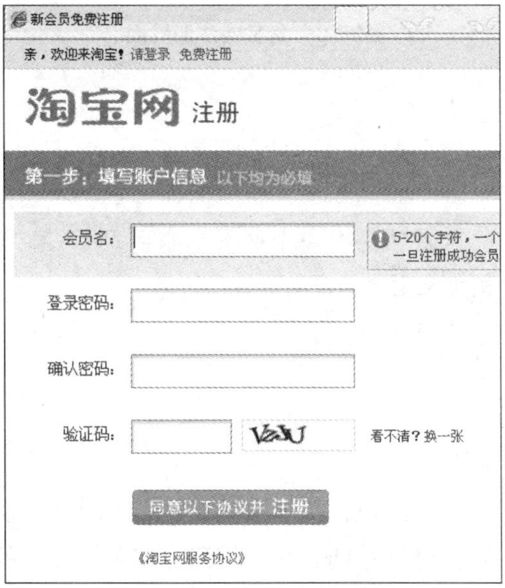

图2-17　淘宝网注册界面

（3）如果输入信息都符合要求，那么淘宝网将开始验证账户信息，根据提示输入手机号码，中国大陆用户请保留"+86"的前缀，因为"86"是中国大陆的国际长途区号，勾选"同意《支付宝协议》，并同步创建支付宝账户"复选框，单击"提交"按钮。正常情况下几秒内该手机会收到一条淘宝网发来的短信，把短信中的手机验证码输入网页上对应的文本框内提交即可，如图2-18所示。注册成功，开网店的第一步就完成。

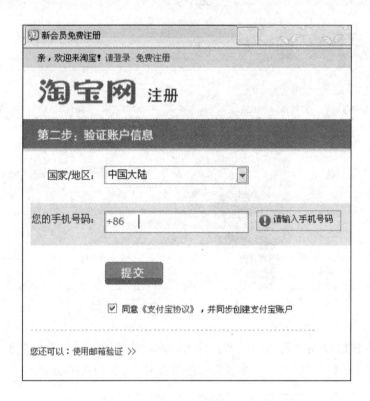

图2-18　淘宝网注册界面

> **小提示**
>
> 这里请注意，如果你原来已经在淘宝网买过东西，不用重复注册。在淘宝网，一个账号可以同时有买家和卖家两个身份。

2. 开店认证

1）进行支付宝实名认证

如果已经成功注册了淘宝网账户，接下来就要进行支付宝实名认证，这是必须要做的工作。单击"我的淘宝"后，可以看到"卖宝贝请先实名认证"的提示。单击这个链接，然后根据提示操作即可，如图2-19所示。

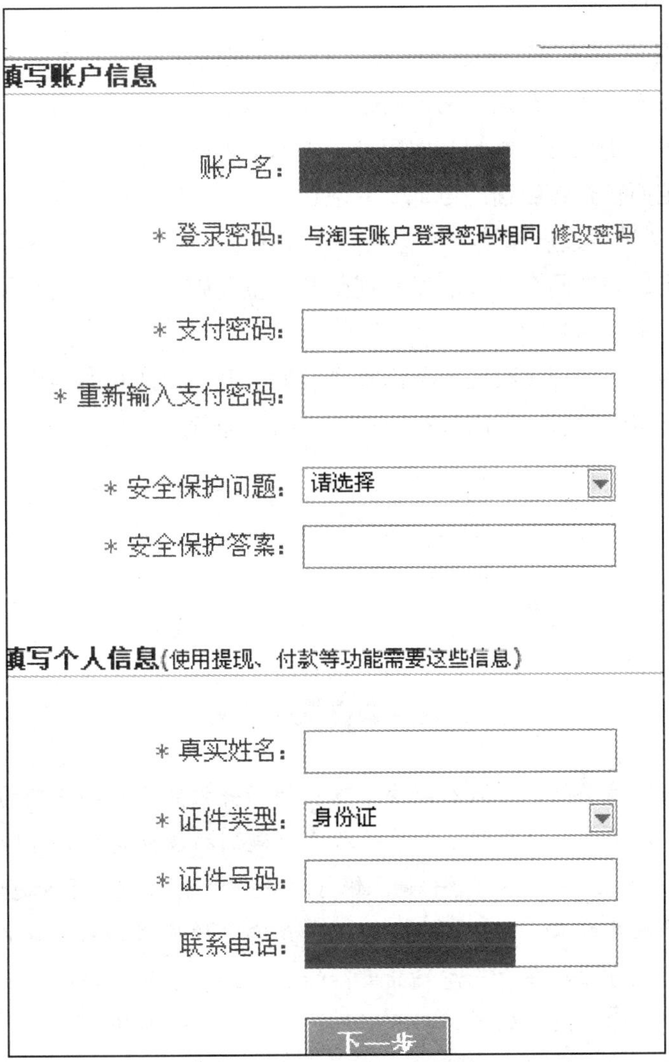

图2-19 支付宝实名认证界面

支付宝就相当于淘宝网用户的资金中介，是保证买卖双方诚信交易的基础。支付宝实名认证，就是确认卖家的真实身份。这个认证在一定程度上增加了网上开店的复杂性，但是也在很大程度上增加了整个淘宝网交易的安全性。过去开网店需要上传身份证号等待淘宝网人工验证，现在淘宝网已经与全国各家银行合作，只要有银行实名登记的银行卡，淘宝网就可以通过银行系统认证用户身份，十分便利。

2）店铺所有人认证

店铺所有人认证现在要求比较严格，需要本人手持身份证的头部照及上半身照，把两张照片上传才可以通过店铺所有人认证。

3. 通过淘宝开店考试

在淘宝网首页单击"卖家中心",在"我是卖家"选项卡下单击"我要开店",会出现要求参加考试的提示。在淘宝网开店必须通过淘宝开店考试,考试的内容是《淘宝规则》。淘宝网的规则是在淘宝网初开网店者必须要学习的,如果不熟悉《淘宝规则》,可能会导致违反规定而被查封店铺。考试分数须达到60分才能通过,其中的基础题部分准确率必须为100%。考试通过后阅读《诚信经营承诺书》,然后根据提示填写店铺名称、店铺类目及店铺介绍,勾选同意"商品发布规则及淘宝规则"及"消费者保证服务协议",然后点击"保存"确认提交。

在淘宝网开店,申请程序很简单。而在淘宝网上开一家成功的网店,却并不容易,有大量的知识和技巧需要学习,所以卖家须诚心、用心经营。

在淘宝网上注册自己的网店。

网上开店会涉及许多问题。只有解决了这些问题并按照要求和正确的流程去操作,才能开店成功。本学习情境主要介绍了开店过程中所遇到的最重要的3个问题。

第一,如何开通网上银行,为了确保网上银行的安全性,特别说明了开通数字证书的步骤。

第二,如何为网店取名,介绍了网店取名应该遵守的原则和网店取名常用的方法,掌握了以上方法之后,可以结合自己店铺的实际情况,给自己的店铺取一个具有一定文化内涵与宣传效果的好名字,以达到不"名"则已,一"名"惊人的目的。

第三,开通网上银行,并取好店名之后,以淘宝网为例介绍了规范的开设网店的操作流程,包括淘宝网的注册、支付宝的实名认证、通过淘宝的开店考试等相关步骤。在网店有了一个基本雏形之后,下一步就要好好充实自己的网店。

学习情境3　发布商品

能力目标

通过学习情境3的学习与实践，学生应该具备以下能力：
1. 美化网店的商品照片。
2. 掌握确定商品名称的方法。
3. 熟悉运用图片和文字进行商品描述。
4. 熟练使用淘宝助理和阿里旺旺两款卖家实用的软件工具。

任务导入

如何拍摄和处理出漂亮、逼真的好照片？如何给商品取一个好名字？如何向顾客介绍商品？这些看似基础的技能，对于网店的发展是非常重要的。带着这些任务，进入学习情境3。本情境将探讨如何通过商品图片美化、商品标题确定、商品描述及两款卖家工具的使用4个方面的问题，最终使网店的商品赢得更多被顾客关注的机会。

工作任务1　商品图片美化

任务描述

Photoshop图形图像编辑软件的使用。

商品图片在网店销售中起着至关重要的作用，它就像一个商店橱窗摆放的商品，如果图片处理得好，会吸引消费者的注意力，增加销售的概率。买家在网上购物时，一般都是先搜索自己所需要的商品，然后再进行筛选。这时，一张美观的照片不仅让消费者看清楚"这是什么"，而且还能让消费者意识到"它能给我带来什么"，这样就增加了商品被潜在客户发现的概率，吸引消费者点击链接进入店铺查看商品信息，影响买家的购买决策。下面介绍Photoshop图形图像编辑软件的使用。

第一步：首先打开Photoshop，新建一个文档，这里设置宽度为"737"、"像素"，高度为"737"、"像素"，分辨率为"72"、"像素/英寸"，点击"确定"按钮，如图3-1所示。

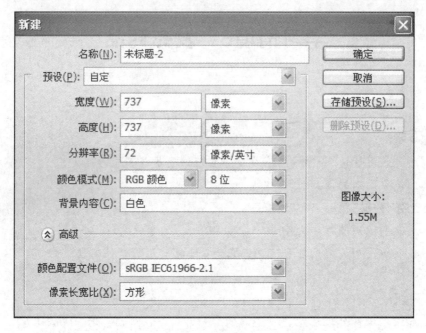

图3-1　新建文档

第二步，在工具箱内，选择圆角矩形工具，如图3-2所示。

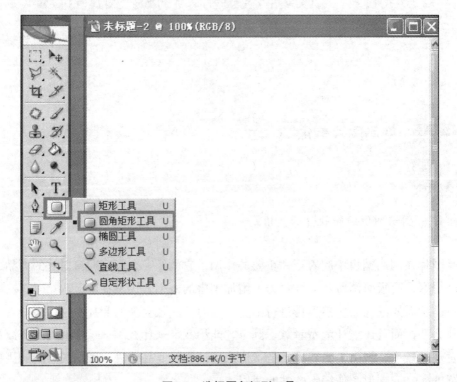

图3-2　选择圆角矩形工具

第三步，选择路径并设置半径的数值，数值越大则圆角就越大，反之则越小。使用圆角矩形工具从左上角拖至右下角，选定整个新文档，如图3-3所示。

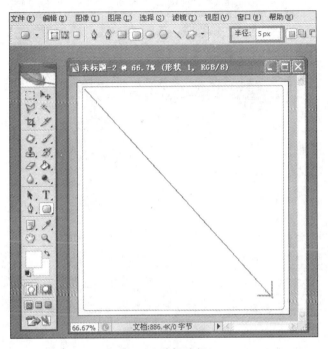

图3-3　选择路径

第四步，右击新文档区域，弹出快捷菜单，选择"建立选区"选项，弹出"建立选区"对话框，点击"确定"，如图3-4所示。

图3-4　建立选区

第五步，新建图层，如图3-5所示。

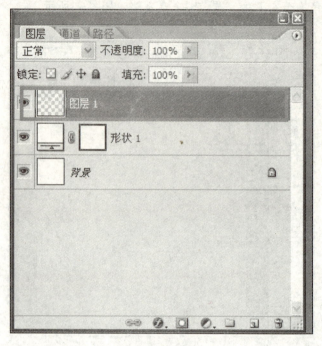

图3-5　新建图层

第六步，在"填充"对话框中，选择"使用"下拉列表框的"前景色"，并点击"确定"按钮，如图3-6、3-7所示。

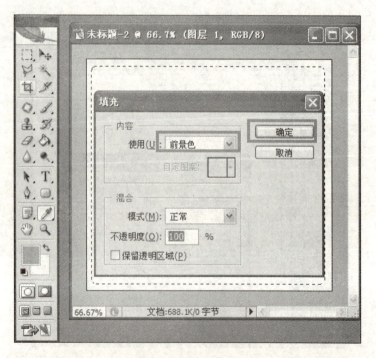

图3-6　填充前景色

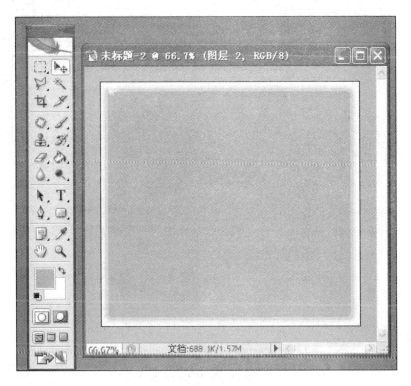

图3-7 填充效果

第七步,打开需要处理的图片,并进行编辑处理,如图3-8、3-9所示。

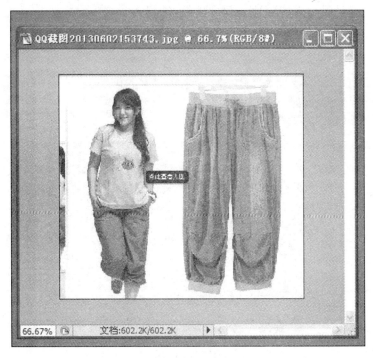

图3-8 打开图片

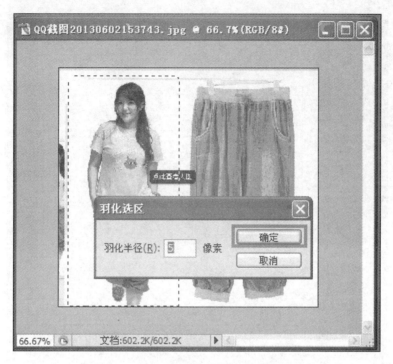

图3-9　图片羽化处理

第八步，按Ctrl+C组合键复制已经处理好的图片，按Ctrl+V组合键将其粘贴到已经填好背景色的文档上，粘贴后如图3-10所示，图片很大，可以选择选取工具，然后按Ctrl+T组合键，自由变换粘贴过来的图片，调节至所需的大小。

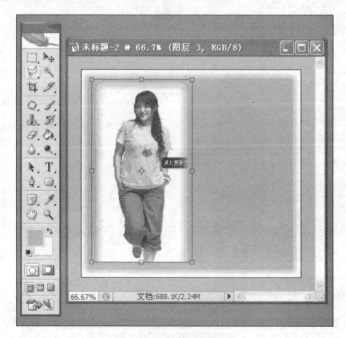

图3-10　合成喜欢的图片

第九步,用同样的方法处理其他想要加进来的图片,最后加上防盗水印,如图3-11、3-12所示。

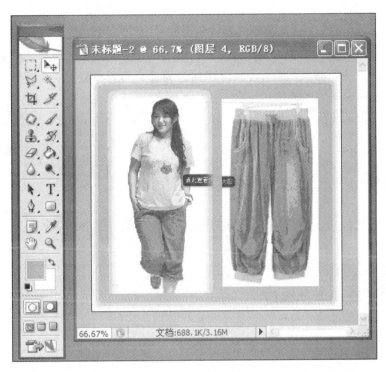

图3-11 加入其它图片

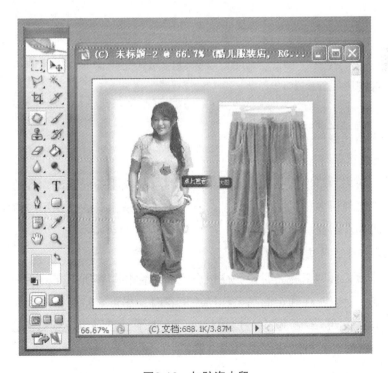

图3-12 加防盗水印

小提示

商品发布后为什么不能马上搜索到？

卖家发布商品后需经过审核，审核通过后24小时内，这件商品才能在店铺、分类、搜索列表中显示出来。不符合发布规则的商品，则需要经过1~3个工作日审核通过后才能显示在搜索列表中。

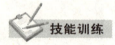 **技能训练**

运用图片处理知识，将商品图片进行美化后上传到自己的网店。

工作任务2　商品名称确定

 任务描述

1. 利用关键词给商品取个好名字。
2. 商品取名技巧。

给商品取一个好名字，访问者就能通过关键词找到商品，那么如何通过商品名称吸引顾客进一步了解网店呢？

1. 利用关键词给商品取名

1）关键词的理解

关键词是指利用网络搜索引擎搜索某项内容时，最能明确说明该内容的关键词语。输入关键词，就能出现很多相关主题的信息。不过关键词是相对的，卖家应该学会根据自身实际情况寻找适合自己商品的关键词。

2）建立适合自己网店的关键词

利用站点搜索工具搜索商品时，往往根据商品名称和顾客所提交的关键词相匹配情况来显示搜索结果，所以，在确定商品名称描述信息时，尽可能将买家经常会使用的、与本商品密切相关的关键词写到标题中，这样就可以大大增加被顾客搜到的机会。在C2C网络中介发布商品信息时，这种做法显得更为重要。

（1）与名牌联系

例如，卖笔记本电池的商家将其产品取名为"联想（Lenovo）昭阳E660/E280笔记本电池，全新原装"，这样，顾客在用"联想"、"Lenovo"、"昭阳"、"E660"、"E280"中的任何一个关键词时都可以搜索到该产品。使用该命名策略时需要注意，商品名称中使用的关键词必须是与商品本身密切相关的，不要为了增加被搜索的机会而机械地添加无关紧要的关键词，这样会在一定程度上误导顾客，引起顾客的反感。

（2）建立关键词的依据

关键词的建立依据有两点：一是最希望表达的和最希望被大家知道的信息；二是大家最为熟悉并最容易想到的词语，也就是在消费者大脑中出现频率最高的词语。就淘宝站点而言，搜索引擎的自定义分类为搜索宝贝、搜索店铺、搜索掌柜、搜索资讯、搜索网页。作为买家真正习惯使用的其实只有：搜索宝贝、搜索店铺。所以关键词主要应该用在店名和出售的商品名称上，关键词代表的主要是网店的特点和商品的主要信息。

3）建立关键词的组合

下面是一些关键词组合的例子：

品牌、型号+商品关键词；

促销、特性、形容词+商品关键词；

地域特点+品牌+商品关键词；

店铺名称+品牌、型号+商品关键词；

品牌+信用级别、好评率+商品关键词。

在关键词的组合中还有一个窍门，就是在关键词与关键词之间，尽量用其他的词或者空格隔开，这样做的目的就是在搜索时容易凸显关键词。

阅读资料3-1

商品的命名

商品名为"Teenie Weenie 熊熊 原单正品 彩条 经典款 翻领T恤"，该名字中包含了小店想要表达的主要信息。"Teenie Weenie"、"原单"、"翻领"、"经典"、"T恤"这些都是关键词，在这组名称中，其买"彩条"并不是关键词，它只是描述商品的组成部分。在"Teenie Weenie"、"原单"、"翻领"、"经典"、"T恤"这些关键词中，"Teenie Weenie"代表的是品牌；"原单"，代表大类；"经典"、"翻领T恤"，是大家容易想到而去搜索的词语。这些关键词都是有这类需求的买家最熟悉的词语，所以这个命名具备了关键词建立的两点依据。这样，当买家有购买这类商品需求的时候，搜索到任何一个关键词都会看到这个商品。

2. 商品取名技巧

如果买家想买一款韩国饰品，一般都会在淘宝网搜索"饰品韩国"。如果一家网店是卖韩国饰品的，商品名称中必须包含这几个字，当然还有许多其他的注意事项。

1) 名字要全面

一个好的、全面的名称决定了商品被搜索到的概率的高低，所以一定要起一个全面的、好听的名字。例如，可以为韩国饰品起名为"高档韩国饰品 晶蝶纷飞 施华洛世奇 水晶耳环"。搜索"韩国饰品"、"施华洛世奇"、"耳环"这些关键词，商品都会在搜索范围内。

2) 用"特价"、"促销"等词汇

消费者在购物时，都喜欢打折商品，想得到真正的实惠。所以在命名时，尽量加上"特价促销"、"超值"、"上市促销价"、"新品上市"等关键词，这些关键词能大大提高商品的成交率。

3) 换位思考

在给商品起名时，不妨换位思考，假如自己是买家，想买某件商品时，会通过什么样的词汇找到它？把自己能想到的关键词用在自己的商品上。

运用商品取名技巧给自己的商品取个好名字。

工作任务3　商品描述

任务描述

1. 选择商品描述模板。
2. 进行详细的商品文字描述。

网上有很多商品描述模板，是一种添加文字和图片后一键生成代码的工具，这种工具可以帮助卖家轻松编辑商品信息以便商品快速上架。

1. 选择商品描述模板编辑商品并发布商品

（1）登录淘宝网，进入淘宝网的卖家中心界面如图3-13所示，在店铺管理下拉菜单中，选择店铺基本设置选项，设置店铺名称、店铺类目、店铺简介、联系地址等相关选项。

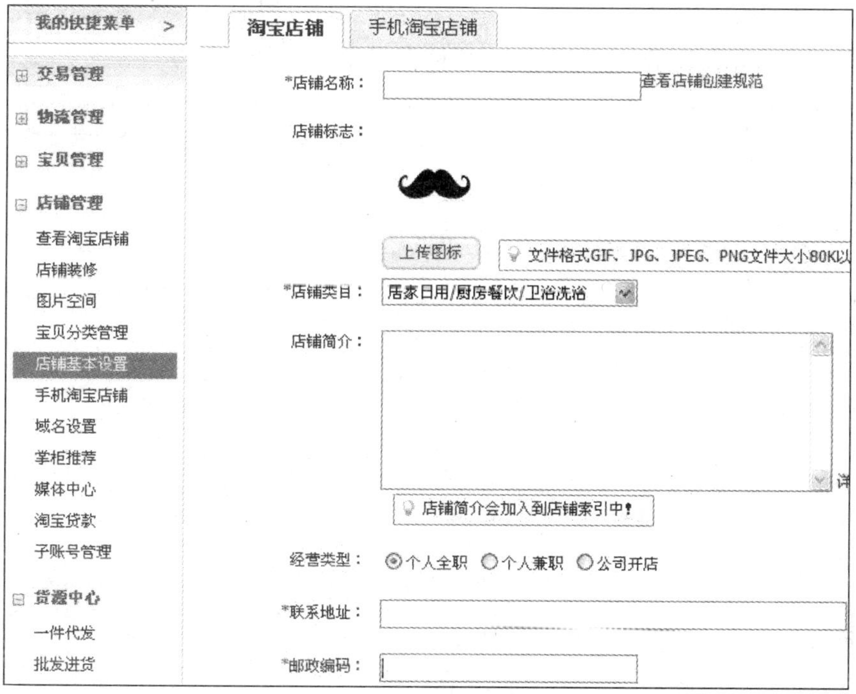

图3-13　店铺基本设置

（2）在淘宝网买家中心界面中选择宝贝管理下拉菜单中的发布宝贝选项如图3-14所示。

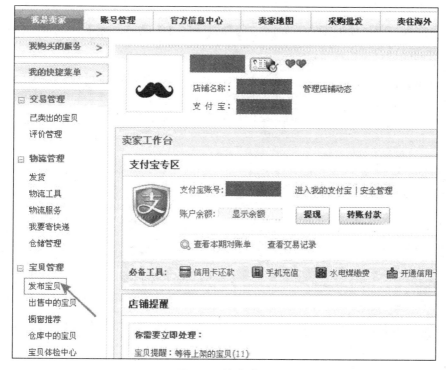

图3-14　发布商品

（3）点击"发布宝贝"后，会弹出以下界面，可以根据自己店铺的产品特点选择适合的商品类型，并点击右下角的"利用宝贝模板"发布，如图3-15所示。

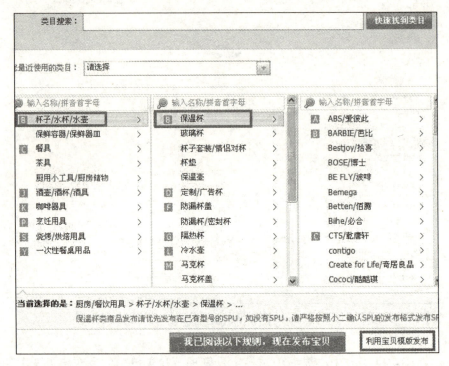

图3-15　利用宝贝模板发布商品

（4）进入"宝贝模板搜索"界面，选择适合自己的商品，点击"发布"，直接进入编辑室，对商品进行编辑。

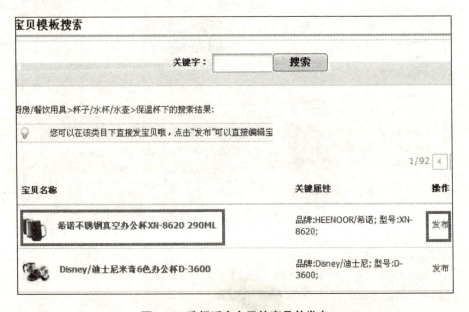

图3-16　选择适合自己的商品并发布

（5）进入商品编辑室，填写宝贝基本信息。

第1步，填写宝贝类型、宝贝属性，如图3-17所示。

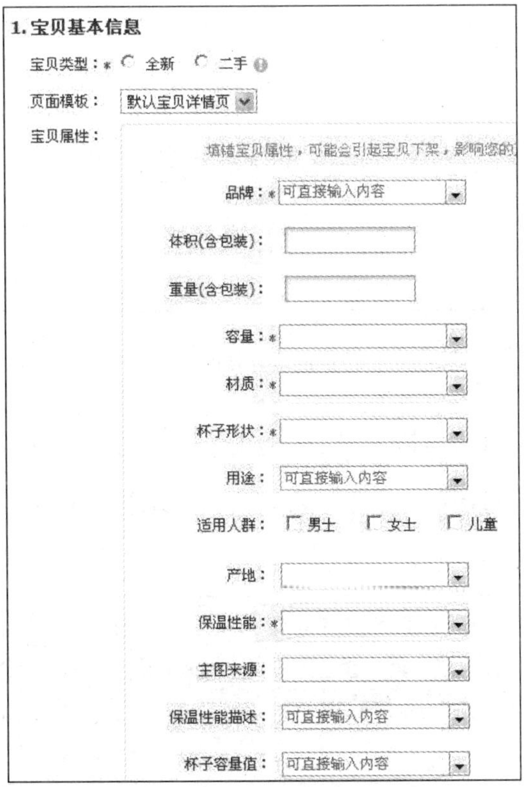

图3-17　填写宝贝类型、宝贝属性

第2步，填写宝贝标题、价格、规格以及数量，如图3-18所示。

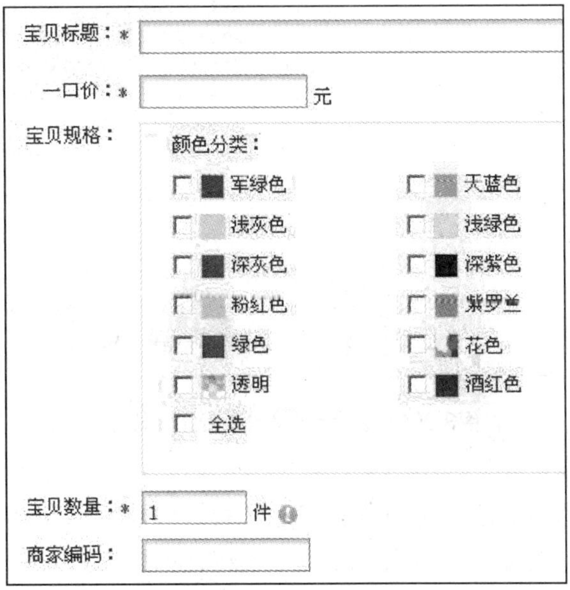

图3-18　填写相关信息

第3步，上传宝贝图片，如图3-19所示。

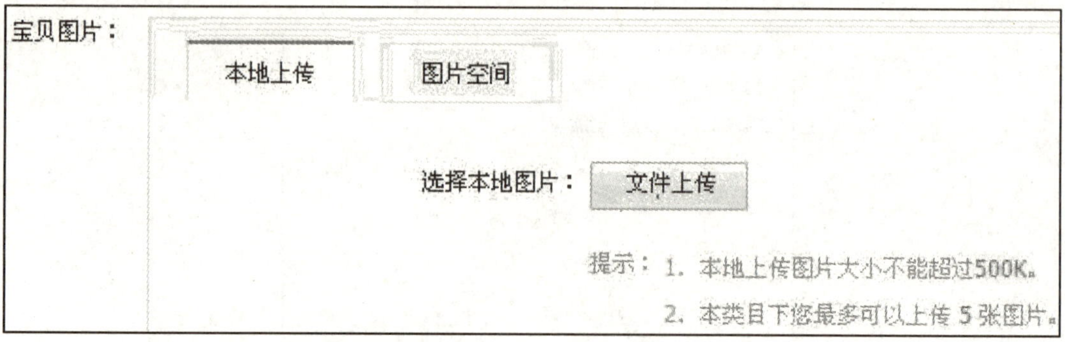

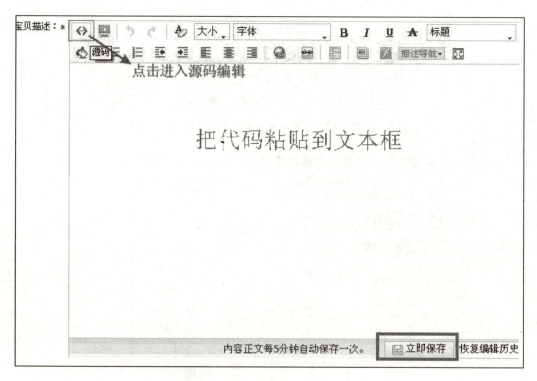

图3-19　上传图片

第4步，进行宝贝描述，宝贝描述可以选择源码编辑，选择合适的商品代码复制，直接粘贴到文本框如图3-20所示，也可以选择自己编辑宝贝描述，编辑完成后，点击"立即保存"按钮。

图3-20　选择源码编辑进行宝贝描述

（6）在商品编辑室，填写宝贝物流信息、售后保障信息及其他信息，如图3-21、3-22所示，所有信息填写完毕，点击"预览"按钮，如果没有问题，返回点击"发布"按钮。

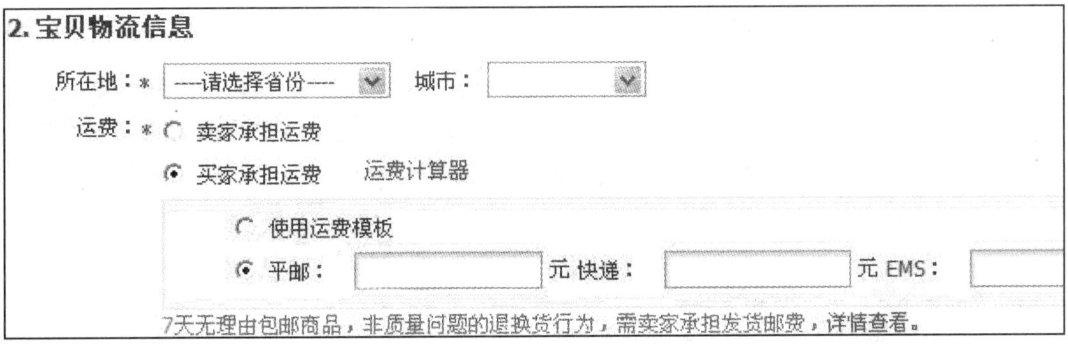

图3-21　宝贝物流信息

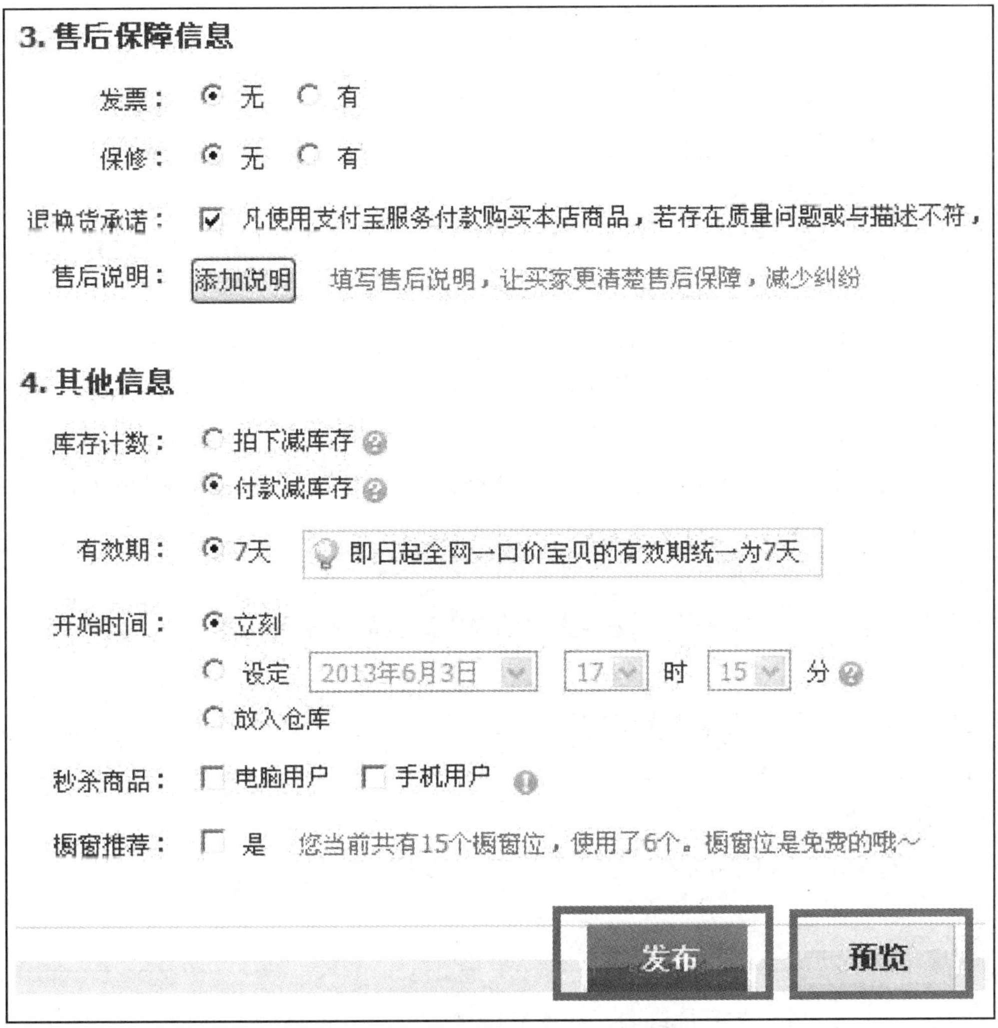

图3-22　宝贝售后保障信息和其他信息

以上所填写的内容发布后，选择商品描述模板编辑商品并发布商品的任务就全部完成了。

淘宝网制定了一系列商品信息发布管理规则。因此，卖家在发布出售的商品信息前，应该核对要发布的商品信息是否符合最新的商品发布规则。

2. 进行详细的商品文字描述

经营网店重要的工作就是把商品信息准确地传递给买家。商品描述信息必不可少，它是对图片信息的重要补充。图片传递给买家的只是商品的形状和颜色的信息，对于性能、材料、产地、售后服务等，必须通过文字描述来说明。商品描述应注重以下几个方面。

1）商品描述一定要详细

商品描述具体应包括商品材料、产地、售后服务、生产厂家、商品性能等相关内容，特别是相对于同类产品所具有优势和特色的信息，一定要详细地描述出来，体现商品的卖点。

2）商品描述一定要直观

为了直观，应该使用文字、图像、表格3种形式结合来描述商品，增加顾客购买的可能性。

3）商品描述应注明卖家相关信息

卖家的联系方式、交易方式、优惠策略、相关网站等一定要写清楚。

4）商品描述中加入相关推荐产品

在商品描述中加入本店的热销商品、特价商品等，让买家更多地接触店铺的商品，增加商品的宣传力度。

5）有利于搜索引擎搜索

在描述中加入一些热门词语，为搜索引擎提供高质量的搜索信息。

6）参考同行网店

可以经常浏览其他店铺，特别是皇冠店铺，研究他们的商品描述的写法，留意同行中做得好的店铺。

7）留意生活

挖掘与商品相关的生活故事，一些感人的故事更能在情感上打动消费者。

发布商品时，找不到适合的类别怎么办？

可以根据商品的属性在"大类目"栏中选择大概的分类，若在后面的分类栏中有"其他"选项，则选择"其他"即可。在此若无"其他"选项，选择相近的分类进行设置即可。

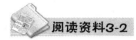阅读资料3-2

新开店铺的常见问题

（1）账户绑定的支付宝账户通过实名认证，并通过开店考试，就具备了开店的基本要求。

（2）一个会员仅能拥有一个可出售商品的账户，一张身份证只能开一家店。

（3）在淘宝网开店是免费的，只有在需要添加增值服务时，才需要付费订购。

（4）查封账户后，违规账户对应的身份证将永远不能在淘宝网重新开店。

技能训练

运用商品描述模板，进行详细的商品描述。

工作任务4　实用的卖家工具

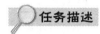任务描述

掌握淘宝助理和阿里旺旺两款实用卖家工具的相关功能。

1. 淘宝助理

淘宝助理是一个功能强大的客户端工具软件，可以帮助卖家编辑宝贝信息，快捷批量上传宝贝信息，并提供了方便的管理界面，如图3-23所示，运行时只需要输入淘宝网会员名和密码，就可以实现本地和在线信息的沟通。

图3-23　淘宝助理宝贝管理界面

淘宝助理主要有以下功能。

1) 快速创建新宝贝

利用淘宝助理能够轻松简单地创建新宝贝，既可以全新创建，也可以从自定义模板创建。创建过程所需要的信息及创建后的结果，与在淘宝网在线创建相同。

2) 宝贝模板

为了更快地创建宝贝，可以新建若干模板，将常用的宝贝信息保存起来，以后新建宝贝时，就可以从这些模板中创建，不再需要填写常用信息，节省大量时间。

3) 下载宝贝

可以根据设定的条件，把已经发布到淘宝网上的宝贝下载下来，以供修改和复制。

4) 编辑宝贝

可以方便地逐一编辑现有的宝贝，无论该宝贝是否已经发布到淘宝网站上。对于已经发布的宝贝，编辑完成后上传就会更新网站上的宝贝信息。

5) 批量上传

当新建或者修改了若干宝贝之后，可以一次性地将它们全部上传到淘宝网上，新建的宝贝将作为新宝贝出现在店铺中，而修改的宝贝将更新店铺中对应宝贝的信息。

6) CSV文件导出和导入

将宝贝批量导出成标准的CSV文件格式，这样就可以使用Excel或者其他编辑工具批量处理这些宝贝信息，处理完成后还可以回到淘宝助理界面。

7) 交易管理

使用淘宝助理，可以自动识别买家会员名、收货人姓名、收货人地址完全相同的订单，选择合并打印，并且对于相同的订单，淘宝助理会以醒目的颜色给予提示。

对于选中的若干订单，进行批量编辑物流公司的订单号。如果打印的快递单的运单号是连续的，还能自动填写运单号，省去人工填写的工作量，并减少出错的可能；而且支持合并编辑，是否选择合并由卖家自行决定。

8) 备份和恢复宝贝

为了备份交易数据以防丢失，可以将宝贝数据导出到一个备份文件安全保存，在需要的时候，再将这些宝贝数据原封不动地重新恢复到淘宝助理中，并提供数据库修复功能，尽可能地修复损坏的数据库。

2. 阿里旺旺（淘宝版）

阿里旺旺（淘宝版）如图3-24所示，是为淘宝会员量身定做的个人交易沟通软件，集成文字、语言、视频沟通及交易提醒、快速通道、最新商讯等功能，是网上交易的必备工具。

阿里旺旺主要有以下功能。

1）买卖沟通

阿里旺旺（淘宝版）提供了即时文字交流、语音聊天、视频聊天、离线消息4种沟通方式，使买卖双方可以快捷、方便地沟通。如果有需要，甚至可以多方洽谈。

2）交易提示

阿里旺旺（淘宝版）提供了在线提示、离线提示、邮件提示等多种交易提示方式，让卖家轻松了解交易情况。

3）快捷通道

阿里旺旺独创的快捷通道，直接连接"我的淘宝"，轻松实现买卖和账户管理。

4）阿里旺旺群

阿里旺旺群是一个多人交流空间，为有相同兴趣、爱好的人提供了一个"私人会所"。

5）淘友名片

淘友名片全面整合了淘友资料、信用指数、论坛发帖、出售宝贝等多种信息。

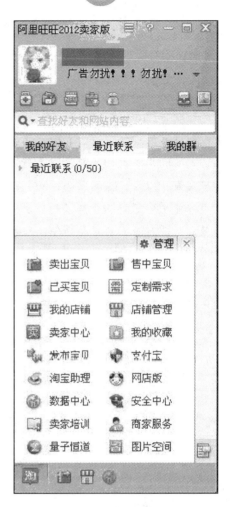

图3-24　阿里旺旺主界面

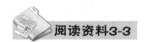

商品标题中突出卖点的技巧

（1）体现价格信号。

（2）如果进货渠道特殊，可以特别标出进货渠道。

（3）值得信赖的售后服务。

（4）店铺高信誉度记录。

（5）卖品较高的成交记录。

（6）使用特殊符号，如"◆限量特价◆"、"☆新款☆"。

（7）添加网店名称。

熟练运用淘宝助理和阿里旺旺两款卖家实用的软件工具。

小结

　　本情境内容是开设网店需要掌握的知识当中非常重要的一部分。首先介绍了图形图像编辑软件Photoshop的操作技巧,通过Photoshop,编辑出清晰、真实且美观的图片,用来吸引顾客的视线,迈出成功销售的重要一步;为了使访问者能够更容易地找到网店的商品,就要利用关键词给商品取个好名字,要求店主掌握商品的取名技巧;商品名称和图片都确定好了以后,在网上选择一个商品描述模板,并进行详细的商品文字描述。

　　本情境中还重点介绍了两款实用的卖家工具——淘宝助理和阿里旺旺(淘宝版),这两款工具会对卖家的商品管理及店铺管理起到非常重要的作用。

　　通过商品图片美化、商品标题确定、商品描述及两款软件的应用4个方面相结合,最终使网店的商品赢得更多被顾客关注的机会,激发顾客的购买意愿,使自己网店的商品能够在琳琅满目的商品中受到顾客青睐。

学习情境4　装饰店铺

能力目标

通过学习情境4的学习与实践，学生应该具备以下能力：
1. 熟练地进行店铺版面的设置。
2. 掌握个性店标的设计方法。
3. 熟悉店铺签名档及个人头像设置。
4. 熟练地进行店铺发布。

任务导入

同传统店铺一样，在进行店铺定位和注册开店成功后，就可以获得一个属于自己的网络空间，为了能正常营业、吸引顾客"上门"，自己的店面"装修"必须与众不同，有属于自己的特色。如何进行店铺版面、个性动态店标、店铺签名档、个人头像及店铺公告的设置呢？带着这样的任务，进入学习情境4的学习。

工作任务1　店铺版面设置

任务描述

1. 根据自身爱好和产品类型，选准店铺装修基调。
2. 根据店铺装修基调，搭配店铺颜色配置。

漂亮恰当的网店装修会给顾客带来美感，顾客浏览网页不易疲劳，自然就会细心查看网页。好的商品再加上诱人的背景衬托，会更有利于促进交易。下面介绍几种店铺装修方案，供网店店主参考。

1. 网店装修方案

1）宣传店铺的窗口——名片

宣传店铺的重要窗口是名片，比网店名称更重要。名片就是指"论坛头像"和"旺旺名片"，之所以强调它的重要性，因为它是店铺的免费广告窗口。如果在淘宝网上注册开店，当卖家每天打开旺旺联系淘友的时候，对方第一眼看到的就是卖家的旺旺名片（在对方阿里旺旺的左上角）；当卖家发帖、回帖的时候，出现在帖子左上方的头像，也是名片。目前，店铺名片大致分为两大类：一类是静态的、不同样式的图片；另一类是动态的、多变的图片即小动画。一般情况下选择动态的比较好，因为买家打开阿里旺旺，就会了解店铺的经营项目，一旦发现喜欢的商品，就会进入店铺购买了。

2）商品广告宣传——签名

签名就是在论坛上发帖或回帖后，下面显示的长条图案，一般由文字和店铺的商品图片组成。这样就把阿里旺旺和论坛的两个免费广告窗口都充分利用起来，店铺的知名度就会随之提高，浏览量自然就会上升，生意也就更加兴隆了。

3）店铺全面装修

店铺全面装修包括店标、宝贝分类、公告、宝贝描述和店铺介绍等方面。店标、宝贝分类、公告属于店铺门面，宝贝描述和店铺介绍则属于幕后，必须进入店铺才能看到。详细、吸引人的宝贝描述和恰到好处的店铺装修会使顾客坚定购买的信心。店铺介绍主要是介绍店铺的经营品种、经营理念、服务宗旨、联系方式等。

2. 店铺装修主色调

在店铺装修时，首先是装修主色调的选择。不同的产品要设计合适的店铺装修主色调才能突出商品的特色。例如，服装店适合选择黑、白、灰，这样的主色调能衬托服装的颜色；对于饰品类的商品，可以选择粉红、粉蓝等柔和又可爱的颜色作为装修主色调。色彩心理学家认为，不同颜色对人的情绪和心理的影响有差别，红、黄、橙色等暖色系列能使人心情舒畅，产生兴奋感；而青、灰、绿色等冷色系列则使人感到清静，甚至有点忧郁。白、黑色是视觉的两个极点，研究证实：黑色会分散人的注意力，使人产生郁闷、乏味的感觉；白色，有素洁感，但白色的对比度太强，易刺激瞳孔收缩，久看会诱发头痛等病症。

阅读资料4-1

色彩的妙用

色彩是一把打开消费者心灵的钥匙。好的色彩应用不仅可以向消费者传达商品的信息，而且能吸引消费者的目光。美国流行色彩研究中心的一项调查表明，人们在挑选商品的时候存在一个"7秒钟定律"：面对琳琅满目的商品，人们只需7秒钟就可以确定对这些商品是否感兴趣。在这短暂而关键的7秒钟内，色彩的作用占到67%，成为决定人们对商品好恶的重要因素。

成功运用色彩魅力促进产品销售的案例很多。瑞士雀巢公司的色彩设计师曾做过一个有趣的试验，他们将一壶煮好的咖啡，倒入红、黄、绿3种颜色的咖啡罐中，让十几个人品尝比较。结果，品尝者一致认为：绿色罐中的咖啡味道偏酸，黄色罐中的味道偏淡，红色罐中的味道极好。由此，雀巢公司决定用红色罐包装咖啡，果然赢得消费者的一致认同。1999年美国的苹果电脑公司在整个公司业绩平平的情况下，推出了名为"iMac"的新款电脑，放弃了过去一成不变的米黄色而将外壳色彩变为5种颜色，虽然当时售价比其他电脑高出数百美元，但却创造了平均15秒钟售出一台的销售奇迹，扭转了当时苹果公司的不利局面。因此，网店装修时，选择合适的主色调不仅会让消费者在浏览网页时赏心悦目，而且还会增加店铺的销售量，获得更多的利润。

3. 店铺颜色配置

根据店铺装修主色调，为店铺选择合理的颜色配置。网店的装修与实体店铺的装修一样，每个店铺都可以有体现自己特色的装修风格和颜色配置。

1）不同色彩的心理效果

红色：在所有的颜色中，红色最能加速脉搏的跳动，接触红色过多，会感到身心受压，出现焦躁感，长期接触红色还会使人疲劳，甚至出现精疲力尽的感觉。因此如果没有特殊情况，起居室、卧室、办公室等不应过多地使用红色。

黄色：古代帝王的服饰和宫殿常用此色，能给人以高贵、娇媚的印象，可刺激精神系统和消化系统，还可使人们感到光明和喜悦，有助于提高逻辑思维的能力。如果大量使用金黄色，容易出现不稳定感，引起行为上的任意性。因此黄色最好与其他颜色搭配用于店铺装饰。

绿色：是森林的主调，富有生机，可以使人想到新生、青春、健康和永恒，也是公平、安静、智能、谦逊的象征，它有助于消化和镇静，促进身体平衡，对好动者和身心受压者极有益，自然的绿色对于克服晕厥、疲劳和消极情绪有一定的作用。

蓝色：使人联想到碧蓝的大海，以及深沉、远大、悠久、理智和理想。蓝色是一种极其冷静的颜色，但从消极方面看，也容易激起忧郁、贫寒、冷淡等感情。它还能缓解紧张情绪、缓解头痛、发烧、失眠等症状，有利于调整体内平衡，使人感到幽雅、宁静。

橙色：能产生活力、诱人食欲。因此，可用于餐厅等场所，但彩度不宜过高，否则，可能使人过于兴奋，出现情绪不良的后果。

紫色：对运动神经系统、淋巴系统和心脏系统有抑制作用，可以维持体内的钾平衡，并使人有安全感。

橙蓝色：有助于舒缓压力，减少出血，还可减轻身体对于痛感的敏感性。

总之，在考虑店铺的色彩处理时，一定要熟悉一般的色彩心理效果。这样，店铺才会典雅、温馨。

2）装修色彩搭配技巧

（1）双色组配。相对于单色系装修，双色系的组配较为活泼与突出。

① 较为平淡的组色——白+黄、白+米、绿+蓝、白+灰、灰+黑。

② 较为突出的组色——白+黑、红+黑、白+红、白+紫、白+蓝、白+绿、黄+蓝。

③ 较为深沉的组色——棕+黑、棕+红、蓝+黑、蓝+墨绿。

④ 较为活泼的组色——绿+黄、橙黄+绿、红+黄、白+黄、白+红、紫+红。

⑤ 较有气氛的组色——黑+白、灰+白、黑+红、金+黑、金+红、蓝+透明色、银+红、银+绿。

⑥ 较为传统的组色——白+棕、棕+红、土黄+红、黄+咖啡色。

⑦ 较为清新的组色——蓝+白、绿+白、绿+黄、灰+绿。

⑧ 较为温暖的组色——粉红+红、紫+红、橙+红。

⑨ 较为统一的组色——白+米、灰+白、米+黄、红+紫、绿+蓝。

（2）三色组配。一般来说，用主次系统的颜色不可大于3种，超过3种就不易搭配出高水准的效果。

① 较平淡的组色——白+灰+黑、白+米+黄、绿+蓝+黑。

② 较突出的组色——白+黑+红、白+黑+紫、白+黑+绿、白+黄+黑、白+黄+蓝、白+黄+红、黑+黄+红、蓝+橙+白、蓝+橙+黄、绿+橙+白、绿+橙+黄、红+蓝+白及单一色三明度渐层色组合。

③ 较深沉的组色——黑+灰+棕、黑+棕+红、黑+紫+灰、蓝+绿+灰、黑+蓝+绿。

④ 较活泼的组色——绿+黄+橙、红+黄+橙、紫+红+橙、白+黄+橙、白+红+橙。

⑤ 较有气氛的组色——黑+白+灰、黑+白+棕、金+红+黑、金+红+白、金+紫+白、银+蓝+白、银+红+白、银+灰+红、银+绿+白、金+棕+红、金+透明色+黑、金+透明色+红、银+透明色+黑、银+透明色+红。

⑥ 较传统的组色——白+棕+灰、棕+红+灰、土黄+红+棕、黄+棕+灰。

⑦ 较清新的组色——蓝+白+灰、绿+白+黄、绿+黄+灰。

⑧ 较温暖的组色——红+紫+白、黄+橙+红。

⑨ 较为统一的组色——白+米+灰、米+黄+灰、红+紫+粉红、绿+蓝+绿蓝主色的同系辅色及同一主色的三色组合。

⑩ 不协调的组色——蓝+棕、咖啡色+黄、红+绿+紫。

 **技能训练**

根据你所经营店铺的产品的类型和自己的爱好,选择店铺装修基调并根据店铺装修基调,搭配店铺颜色配置,把店铺装修好。

工作任务2　个性动态店标制作

 任务描述

运用图形图像编辑软件制作个性动态店标。

打开淘宝网、易趣网、拍拍网等C2C平台,可以看到很多店铺的标志,如图4-1～图4-3所示,这些店铺标志有的美观可爱,有的个性时髦,有的是静态的,有的是动态的,都各具特色。店标是店铺的门面和标志,有些店标是店主在网上下载的图片,如果能自己设计具有独特个性的店标,会更吸引买家的注意。

图4-1　店标

图4-2　店标

图4-3　店标

很多人认为动态图标制作有难度，其实只要下载一个Photoshop软件或任意的制作动态标志的软件，便可以轻松制作有动画效果的店标。

下面以Ulead GIF Animator 5软件为例来展示个性动态店标的制作过程。

首先，可以在百度上搜索Ulead GIF Animator 5 绿色版软件，然后进行下载安装；其次，还要准备好制作店标用的若干张100像素×100像素的图片，图片最好是用自己店里的商品图片，这样可以让买家更直观地知道网店里出售的是什么商品。准备工作完成后，接下来就进入店标的制作过程。

第一步，打开软件，弹出"启动向导"对话框，如图4-4所示。

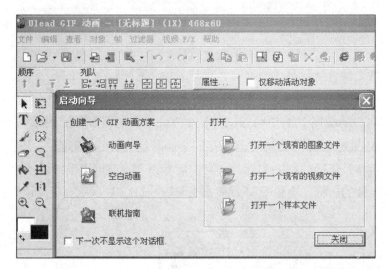

图4-4　"启动向导"对话框

第二步，关闭"启动向导"，在"文件"下拉菜单中，选择"动画向导"选项，就会弹出"动画向导—设置画布尺寸"对话框，如图4-5所示。在对话框里设置像素尺寸"100×100"像素，高度和宽度均设置成"100"像素。

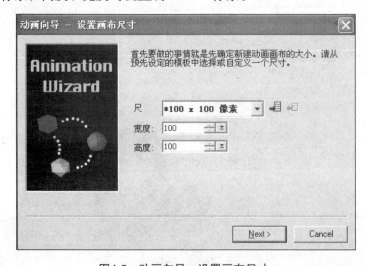

图4-5　动画向导—设置画布尺寸

第三步，单击"下一步"按钮，弹出"动画向导—选择文件"对话框，如图4-6所示。

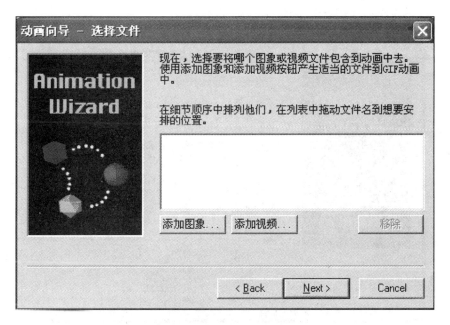

图4-6　动画向导—选择文件

第四步，单击"添加图像"按钮，找到准备好的店标图片文件夹，依次将需要的图片添加到对话框，如图4-7所示，添加完成后，制作动画的素材就准备好了。

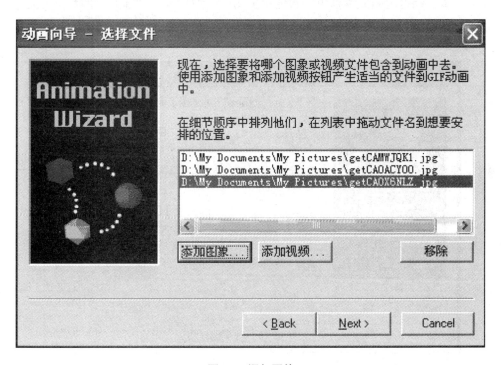

图4-7　添加图片

第五步，设置每个画面帧的显示时间。单击"下一步"按钮，弹出"动画向导—画面帧持续时间"对话框，如图4-8所示。

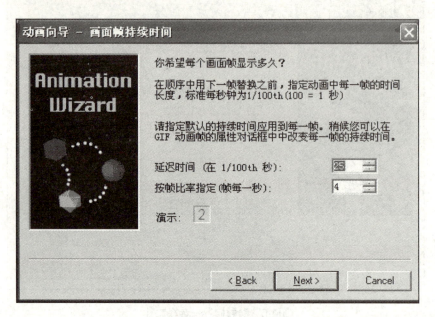

图4-8　设置时间

第六步，分别在"延迟时间（在1/100th秒）"和"按帧比率指定（帧每一秒）"文本框中设定数值，延迟时间文本框里的数值越大图片变换越慢，"演示"的数字变换显示效果，单击"下一步"按钮，弹出"动画向导—完成"对话框，如图4-9所示。

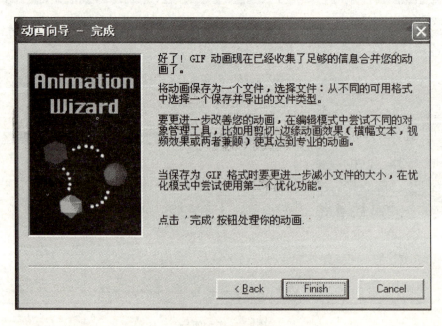

图4-9　设置完成

第七步，单击"Finish"按钮，进入预览窗口，如图4-10所示，在这一窗口中，可以选择"预览"选项卡看一下设置效果，如果对图片变换的频率不满意的话，也可以右击图片，在快捷菜单中选择"属性"进行修改。

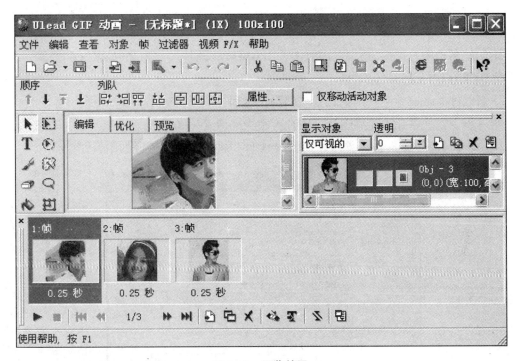

图4-10 预览效果

到此，一个动态店标就做好了，接下来可以把它保存在计算机里，再登录网店后台进行上传就可以了。

下载Ulead GIF Animator软件或Photoshop软件并安装，设计自己的个性动态店标。

工作任务3 店铺签名档及个人头像设置

任务描述

设计自己的签名档或运用相关软件制作个性签名档和头像。

店铺宣传的最佳网络阵地就是论坛，在论坛里如果有属于自己的个人签名和头像，对店铺的宣传会起到很大的帮助作用。签名和头像最好设计新颖独特、能表现店铺优势，这样才能吸引顾客。

1. 签名档的制作

论坛签名档图片的要求：仅支持GIF和JPG格式，图片尺寸为468像素×60像素，文件大小为100kB以内。

下面以Photoshop为例介绍论坛签名档制作过程：

第一步，先准备几张商品图片，图片大小为60像素×60像素。

第二步，打开Photoshop软件，新建一个文件，进行参数设置，如图4-11所示。

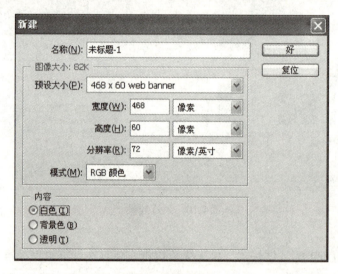

图4-11　新建文件

第三步，输入店铺名，并复制刚输入的字体层，使两个字体层的颜色差别较大，以作动画用，如图4-12所示。

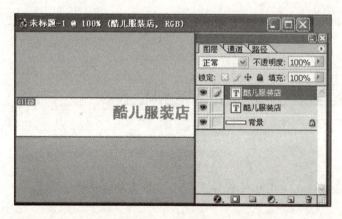

图4-12　输入店铺名

第四步，将准备好的商品图片一张张地复制粘贴到新建文件里，并按一定的顺序排列，如图4-13所示。

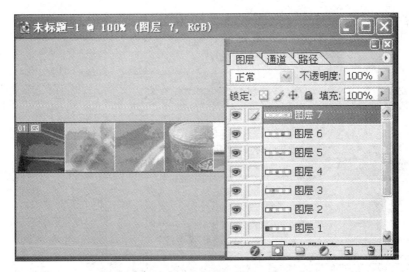

图4-13 粘贴图片

第五步，单击工具栏最下面箭头所示按钮，进入到Adobe ImageReady软件进行动画制作，如图4-14所示。制作过程与店标类似，利用复制帧按钮，设置每一帧只有一个图层可见，其他图层均不可见，以此类推，直到全部图层都设置完成为止，如图4-15所示。在"文件"下拉菜单中选择"将优化结果存储为"选项，保存成GIF格式，个人签名档制作完成，最终动画效果是签名档中的小图标依次出现。

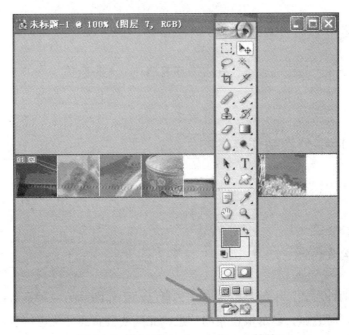

图4-14 进入Adobe ImageReady软件

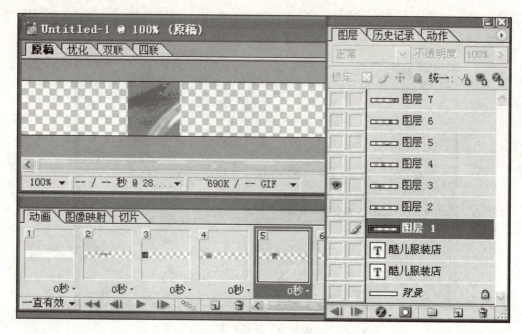

图4-15 动画制作

2. 个人头像的设置

在店铺所在的C2C平台上，单击"论坛资料"设置自己的头像。若要设置成动画头像，可按照上述方法自己制作，再进行图片上传。设计好以后，试着在论坛上发言，看看自己的签名档和头像的效果，若不满意可重新修改。

结合自己喜好和产品特色，设置好店铺签名档和个人头像。

工作任务4　店铺公告制作与发布

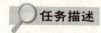

1. 制作店铺公告图片。
2. 发布店铺公告代码。

店铺公告有两种形式：一种是图片格式，自己动手作图；另一种是直接把代码放到公告栏。公告应该言简意赅，显示最重要的信息，尤其要公布商品优惠信息。因为公告栏一般是滚动显示，如果文字太多、滚动速度慢，买家可能觉得累赘而不去仔细看。

1. 制作店铺公告图片

下面以Photoshop软件为例，介绍店铺公告图片的制作过程。制作过程如下：

第一步，打开Photoshop软件，新建一个文件，宽度设置为"400"、"像素"，高度设置为"430"、"像素"，如图4-16所示。

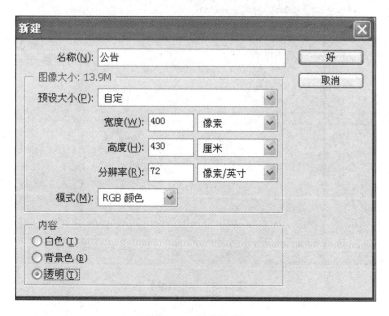

图4-16　新建文件

第二步，在工具箱中，选择"自定义形状"工具按钮，绘制图4-17所示形状。

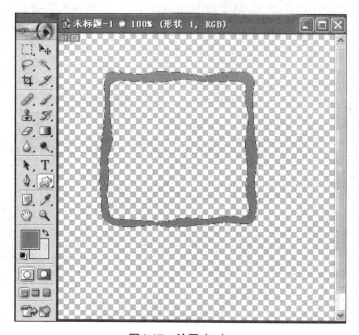

图4-17　绘图（1）

第三步，新建一个图层（在图层对话框里单击"创建新图层"按钮），在新图层里利用画笔工具，选择合适的画笔进行绘制，如图4-18所示（只绘制4个边框区域，注意间隔合适的距离，以显示动画效果）。

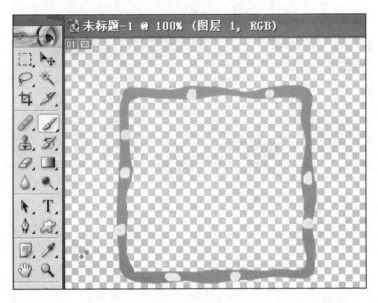

图4-18　绘图（2）

第四步，再新建一个图层，在新图层里利用画笔工具，选择相同的画笔绘制。如图4-19所示。（在新建图层中只绘制不规则图形的四个角）这样可以显示动画效果。

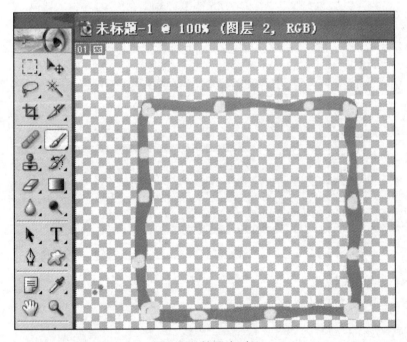

图4-19　绘图（3）

第五步，输入相关的公告信息，如图4-20所示。

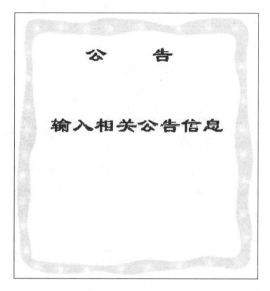

图4-20　输入信息（1）

第六步，单击工具栏最下面箭头所示按钮，进入Adobe ImageReady软件进行动画制作，如图4-21所示。复制一帧，先设置第一帧里的图层2不可见，再设置第2帧的图层1不可见，如图4-22所示，最后，在"文件"下拉菜单中选择"将优化结果存储为"选项，将文件保存成GIF格式，即完成公告图片的设置。

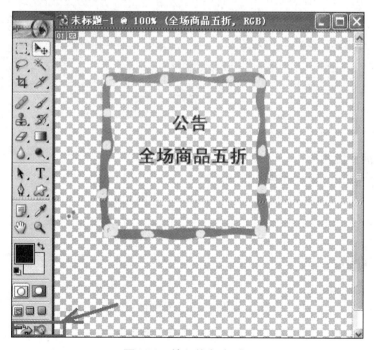

图4-21　输入信息（2）

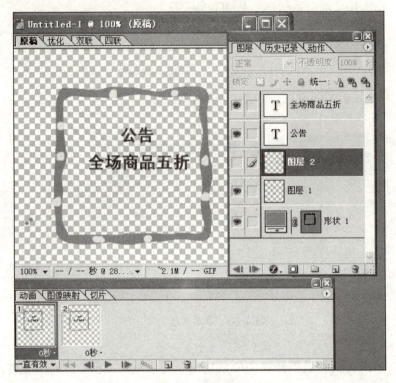

图4-22 设置动画

> **小提示**
>
> 店铺公告是买家对店铺的第一印象。从店铺公告上可以看出店主的用心和店铺经营的亮点。这就是众多卖家都不遗余力地制作富有个性的店铺公告的原因。店铺公告大多图文并茂，有些还采用动画效果，并辅以优美的文案，甚至还加上优美的背景音乐，目的是想给浏览公告的买家留下深刻印象，起到宣传作用。

2. 发布店铺公告代码

店铺公告代码的设置：选择"管理我的店铺"导航栏下的"基本设置"，将代码放入公告位置即可。

 阅读资料4-2

店铺公告中可以添加的信息

（1）促销活动：这些活动包括一元起拍卖、购物优惠、店铺开张纪念日等优惠活动等。把这些信息放入公告栏中，进入店铺的买家一眼就可以看到卖家精心策划的促销活动。

（2）店铺的新变化：如新品到货、产品结构调整和分店开张等信息。

（3）其他信息：在没有活动信息或者最新消息时，可以发布一些优美的欢迎词，如符合产品特性的宣传语、开店宗旨等。

采用制作店铺公告图片和复制店铺公告代码这两种方式为自己的店铺设置店铺公告。

在装饰店铺时，卖家要注意使店铺的整体版面保持清洁、美观、色彩鲜明，具有自己的特色。注意根据自身爱好和产品类型，选准店铺装修基调，并依据店铺装修基调，搭配店铺颜色配置。

能够熟练运用图形图像编辑软件和专业制作软件进行个性动态店标、店铺签名档及个人头像的设置，并且能制作店铺公告图片并发布店铺公告代码。

学习情境5　网店管理——线上管理

能力目标

通过学习情境5的学习与实践，学生应该具备以下能力：
1. 能够熟练掌握常用即时通信软件的下载、安装和使用。
2. 结合经销产品的特点，掌握与顾客沟通的技巧与方法。
3. 认真负责地处理顾客留言。
4. 了解商品定时发布设置。

任务导入

为了经营好自己的店铺，需要在网上花费很长时间。网店店主可以把自己已有的QQ号码和MSN公布在店铺里，以便与顾客沟通交流，同时还可以在自己所注册的电子商务网站上下载专门的顾客交流软件。当店铺迎来第一位买家，店主应该怎么操作呢？带着这些任务，进入学习情境5的学习，熟悉与顾客沟通、促成交易的流程。

工作任务1　常用的交流软件

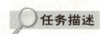
任务描述

下载常用的交流软件与顾客进行交流。

1. 使用QQ软件交流

QQ软件是腾讯控股有限公司开发的一款基于互联网的即时通信软件。腾讯QQ支持在线聊天、视频电话、点对点断点续传文件、共享文件、网络硬盘、自定义面板、QQ邮箱等多种功能，并可与移动通信终端等多种通信方式相连，是目前使用最广泛的聊天软件之一。QQ软件用户群十分广泛，大多数顾客都会有自己的QQ号码。如果卖家还没有QQ号码，可以免费申请一个QQ号码，申请成功以后下载QQ软件即可。

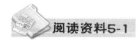阅读资料5-1

如何防止QQ密码被盗

（1）尽快将QQ软件升级到安全性更高的最新版本，并为自己的号码申请密码保护服务。

（2）QQ密码尽量设置得复杂一些，最好是数字、英文与标点符号的组合，当然还要方便记忆才行。

（3）要保护好申请密码保护时填写的邮箱，尽量使用安全性比较高的邮箱，以便在密码丢失时容易寻找。

（4）在网吧等公共场所退出QQ登录后，最好将自己号码所在的目录删除，该目录一般保存在QQ安装目录下面，文件夹名是以用户自己的QQ号码命名的，并注意清空回收站。

（5）用户计算机最好安装一些杀毒、防伪软件，并及时地更新这些软件，尽量不要下载一些来路不明的软件。

2. 使用MSN软件交流

MSN全称Microsoft Service Network（微软网络服务），是微软公司推出的即时消息软件，可以与亲人、朋友、工作伙伴进行文字聊天、语音对话、视频会议等即时交流，还可以通过此软件来查看联系人是否联机。微软MSN移动互联网服务提供包括手机MSN、必应移动搜索、手机SNS、中文资讯、手机娱乐和手机折扣等创新移动服务，满足了用户在移动互联网时代的沟通、社交、出行、娱乐等诸多需求，在国内拥有大量的用户群。

3. 使用C2C平台的交流软件交流

目前国内常用的C2C平台有淘宝网（www.taobao.com）、易趣网（www.eachnet.com）和拍拍网（www.paipai.com），淘宝专门提供了即时交流软件"阿里旺旺"，可以到淘宝网网站下载安装后使用，在不能下载安装时，只需在网页上就可与淘友沟通交易。易趣网提供的是"易趣通"，拍拍网就直接用原有资源"QQ"。这些即时交流软件都是为了方便顾客与卖家即时交流，可以到相应的网站下载安装。

技能训练

下载一两个交流软件，尝试与顾客进行沟通。

工作任务2　顾客沟通技巧

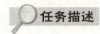
任务描述

掌握在网上与顾客沟通的原则和技巧，运用顾客沟通技巧与潜在顾客进行沟通。

1. 网上与顾客沟通的原则

网店经营中，与顾客打交道，并不仅仅只是为了销售，更多的是要学会沟通与维护客户。卖家虽然与顾客不会直接面对面，但与顾客打交道的时候，必须注意技巧，否则可能造成顾客流失。在网上与顾客沟通要遵循以下原则。

1）考虑顾客的需求

每位顾客的需求特点虽然不一样，但作为顾客的购物心理其实有共同的规律可循。在开设网店的每个环节必须考虑到顾客的需求，从商品照片的拍摄、商品说明，到信息回馈等各方面，都要为顾客考虑周详，必须保证快速回复顾客提出的问题。这就要求卖家要经常维护网店，如果不方便上网查看，也应该留下其他联系方式及相关说明，以免让顾客受到冷落。为顾客服务不仅要为顾客解决问题，而且也要给顾客愉快的心情，使顾客在购买活动过程中享受到快乐。

2）接受顾客的差评

网店经营最具特色的一个环节就是顾客可以为卖家打分。交易完成之后，如果顾客感觉对方的服务不好，或者沟通不顺畅，就会给卖家"中评"或"差评"，卖家店铺的总积分就会被扣去一分。所有卖家都非常注重自己的积分，因为只有积分高才能让店铺的等级上升，这样才可以吸引更多的顾客。如果被顾客打了差评，要做到客观回应顾客的批评。确实是自己做得不够好，一定要虚心接受，然后改正自己服务中的缺陷。只有这样，顾客才会觉得店铺经营有方，自己的权利得到了足够的重视，网店的经营才会更好。

3）为顾客着想

现在是一个快节奏、高效率的时代，时间很宝贵。因此，卖家在为顾客服务的时候，首先要考虑如何节省顾客的时间，使服务便利快捷。所以，设身处地为顾客着想，以顾客的视角来看待商品的陈列、商品的采购、商品的种类、商品的服务等，才会让顾客感到方便满意。

顾客购买了商品后，满足了其购买需求。如果顾客在购买的过程中，遇到了其他意外问题，这时如果店主能尽其所能帮助解决困难，顾客一定会心存感激。这种免费的服务不但增进了店主和顾客之间的关系，更为网店树立了良好的形象，这对于不能提供实体店面直接服务的网上店面来说尤为重要。

4）尊重顾客

想要赢得顾客的满意，必须对顾客需要、期望和态度有充分的了解，把对顾客的关怀纳入自己的工作和生活中，发挥主动性，提供量身定做的服务。

顾客的购买过程实际上也是一个寻求尊重的过程，顾客对于网上购物的参与程度和积极性，在一定程度上取决于店主对顾客的尊重程度。店主与顾客的沟通过程中一定要视顾客为朋友、给顾客以"可靠的关怀"和"贴心的帮助"，才能赢得顾客。

2. 网上与顾客沟通的技巧

在产品销售过程中为顾客提供周到的服务，营销人员需要细致周到地为顾客介绍、展示产品，详细说明产品的使用方法，耐心地帮助顾客挑选商品，解答顾客提出的问题等。在网上与顾客沟通时，注意掌握以下技巧。

1）注重网络礼仪

网络礼仪是指在网上交往活动中形成的被大家公认和接受的礼节和仪式，是人们在互联网上交往所需要遵循的礼节。网络上的信息传播速度比传统途径更迅速、传播范围更广、影响面更大，因此网店的信息交流要更注重网络礼仪，以免引起顾客的反感，造成不必要的损失。

在网上与顾客沟通时需要注意以下问题。

（1）记住别人的存在：尽管相互不见面，只通过文字或者语言交流，但千万记住交流的对方是一个真实的人，和他人当面不会说的话在网上也绝对不能说。

（2）网上网下行为一致：网上的道德和法律与现实生活是相同的，再加上网上沟通文字表达多，留有书面记录的凭证，因此受道德和法律的约束在某种程度比现实生活更强一些。

（3）入乡随俗：不同的站点、不同的营销对象有不同的特点和交流规则，所以针对不同地域和不同性格特点的消费者，交流的方式和语气应该是有区别的。

（4）尊重别人的时间：沟通时不要以自我为中心，要注意合理地把握时间，充分考虑顾客浏览信息时需要的时间，充分体现对顾客的尊重。

（5）给自己树立好形象：因为网络的匿名性质，别人无法从外观来判断，所以卖家的一言一语、一词一句都成为顾客对网店印象的判断标准，注意自己的文字、语言表达将有助于树立良好的网店形象。

（6）与顾客分享知识：注意与顾客分享所掌握的有关商品及其他相关的知识，这不但可以增强自己在顾客心目中的好感，还有助于提高顾客对所营销商品的兴趣，有助于激发顾客的购买欲望。

（7）心平气和地争论：在网络交流中争论是正常的，要以理服人、心平气和，不要意气用事，不要进行人身攻击。

（8）尊重他人的隐私：店铺应该充分尊重顾客的个人隐私，不随意泄露用户个人信息，这不仅是在保障顾客的利益，也是在保持自己的良好形象。

（9）不要滥用权利：相对而言，在营销中卖家掌握着更多的信息和权利，店铺应该充分珍惜这些信息和权利，为顾客服务。

（10）宽容：面对顾客偶尔所犯的错误，店铺应该保持宽容的态度。

2）开展即时交流

为进一步促进店主与顾客之间的交流，提高店铺的客户服务水平，可通过网络开展多种形式的即时交流，如在线咨询和解答系统、QQ在线服务等。在设立在线即时交流时要注意保持通道的畅通，回答迅速，不要让顾客久等；尽量让用户直接点击代表服务人员的头像就可以咨询，而不需要进行任何其他软件下载安装工作。另外，开辟专门的社区供用户交流，并有专人进行维护和解答；制作专门页面介绍用户感兴趣的重点信息等，这些都是比较受顾客欢迎的交流方式。

3）巧妙进行价格磋商

在顾客下订单之前，尤其是C2C交易中，顾客与店主之间的价格磋商是在所难免的。在价格磋商中，当顾客压价时，店主需要注意一些必要的技巧。

（1）动之以情、晓之以理地说明商品价格在同类商品中已经偏低了，同时重点强调商品的质量。

（2）掌握还价的主动权。在买家问价格是否可以优惠时，可以马上反问购买数量。如果对方只要一件，就会觉得理亏，就会没有充足的理由要求降低价格，这样就掌握了还价的主动权。

（3）薄利多销。在一定程度上的让利有时是避免不了的，但是可以通过诱导顾客多购买几件或者购买第二件商品等方法把让利的部分弥补回来。

（4）此时无声胜有声。该技巧一般用在买家必买这件商品，只是在价格上想便宜一些的情况下，卖家可以选择什么都不说，进行暗中较量。

> 要想得到别人的尊敬，首先要尊敬别人。与买家沟通时要给买家留下好的印象，让买家愿意沟通。所以，店主必须表现得谦虚有礼，热情有度，建立和谐友好的气氛。
>
> 例如，在用QQ交流时，回复第一次来店里的买家时，第一句话要用客气用语并可添加QQ表情（微笑的脸和一朵玫瑰等），如果暂时离开QQ，一定要设置好QQ留言信息，且要尽快回复。

运用所学的顾客沟通技巧尝试与顾客进行沟通。

工作任务3　处理顾客留言

🔍 任务描述

分析店铺留言内容，利用店铺留言处理技巧回复留言。

登录淘宝网，打开淘宝网卖家中心，选择"客户服务"下拉菜单中的"咨询回复"选项，如图5-1所示。可以看到顾客对卖家的相关咨询信息，对这些咨询最好一一回复。

图5-1　咨询回复

店铺咨询有多种内容形式，具体包括：买家询问货物的具体情况；买家询问发货情况；买家对已买商品的评论；其他网店交换链接的要求；广告宣传等。

1. 咨询回复的技巧

在进行咨询回复时，要注意以下技巧：及时回复，注意礼貌用语，善用表情符号；遇到表扬要谦虚，遇到批评要心平气和地解释；善于利用咨询回复发布有关商品促销等活动信息。

2. 善于利用咨询的广告效应

要想使店铺的生意好，广告是必不可少的宣传工具。其实如果网店的顾客咨询利用好，也是做广告的一个途径。

1）利用好自己店铺的咨询信息

设置个性店铺咨询，让店铺咨询词语搭配合理明了，体现出自己的个性；邀请淘友合作，把相互的咨询展现到对方的店铺，不仅提高流量，而且也会增加卖家的可信度。

2）利用好陌生网友的店铺咨询

许多陌生客人咨询回复率在95%，因此在给陌生客人的咨询中，一定要注意词语的搭配，不要写明显的广告词语，争取让对方把咨询显示出来并给予回复。

> **小提示**
>
> 在回复买家的咨询时，首要的是诚信，在销售商品时不要隐瞒任何问题，否则这些失信的行为将使你失去当前顾客与更多潜在的顾客（一个中评或差评的影响十分恶劣）。例如，如果有的商品存在小瑕疵，这些瑕疵最好提前和买家说清楚。

根据不同的店铺咨询内容，利用店铺咨询回复处理技巧一一进行回复。

工作任务4　卖出商品并评价顾客

任务描述

尝试卖出商品并对买家进行评价。

1. 查看买家评价

在交易结束后，买家如果主动给卖家评价，卖家会收到站内信的提示，提示买家已经对网店进行评价。以淘宝网为例，如图5-2～图5-4所示。

图5-2　站内信

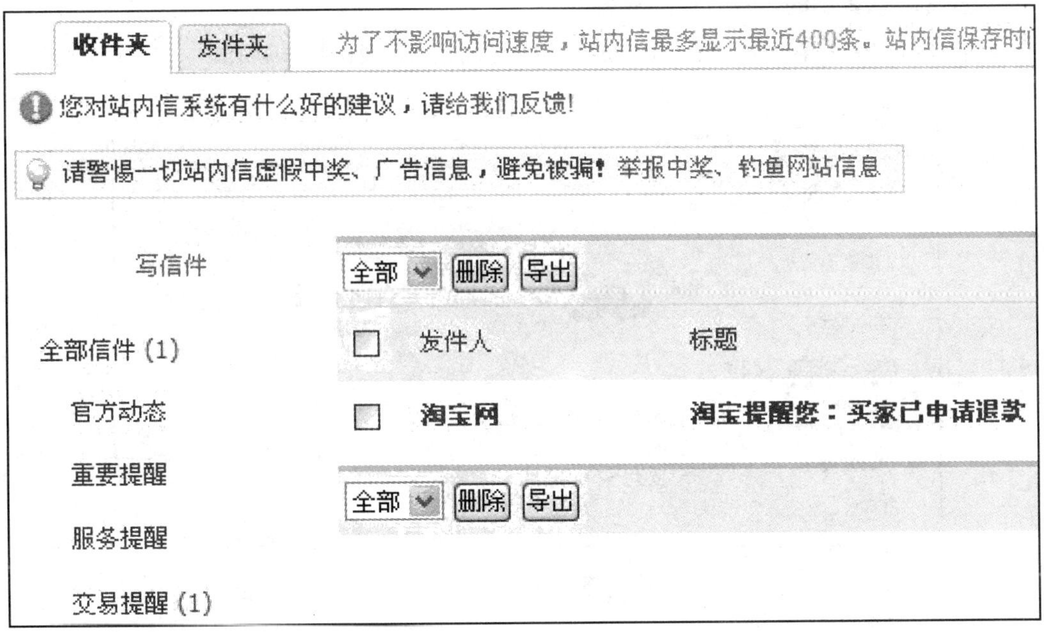

学习情境5　网店管理——线上管理

图5-3　站内信收件夹

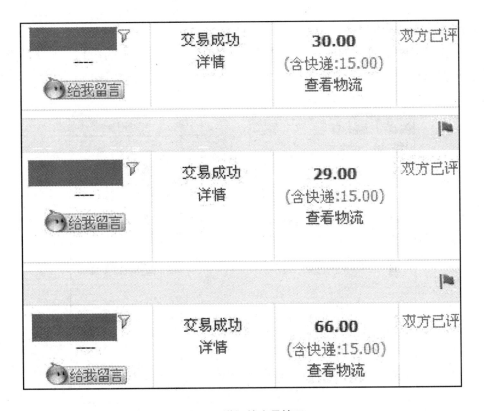

图5-4　详细的交易情况

2. 查看"已卖出的宝贝"的交易情况

接下来可以去查看"已卖出的宝贝"中的交易情况，如图5-5所示。

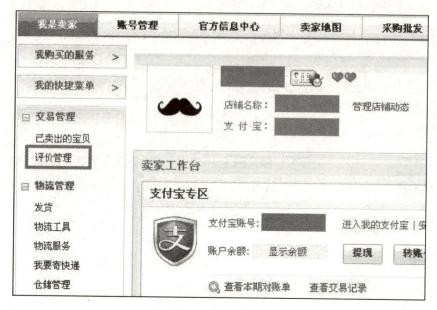

图5-5　评价管理

3. 查看买家的评价内容

在没给买家做出回评的时候也能查看到买家留给店铺评价的内容，具体操作是进入淘宝网卖家中心，在"交易管理"中选择"评价管理"查看评价的内容，如图5-6所示。

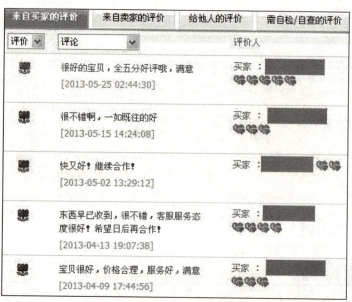

图5-6　来自买家的评价

4. 为买家做出评价

查看了买家的评价内容后，可以为买家做出评价，评价后双方的好评即可记分如图5-7所示。评价工作完成后可以到"评价管理"中去查看评价详情。同时还可以到"卖家提醒区"查看商品销售详细情况如图5-8所示。

图5-7　来自卖家的评价

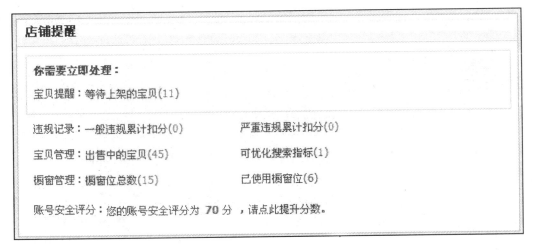

图5-8　卖家提醒区

尝试卖出商品并对买家进行评价。

工作任务5　商品定时发布设置

为店铺的商品设置定时发布。

在网店中，商品的上架时间是有一定的期限的，期限一到，就需要重新发布商品。如何让自己的多个商品能定时发布，一般的C2C平台都有商品的定时发布设置。

1. 以淘宝网为例，每天都有几个高峰浏览时间段，现在就选择下午5:30这个时间点定时发布宝贝。登录淘宝网，进入淘宝网卖家中心界面，在"宝贝管理"中可以选择仓库里的宝贝发布，也可以选择"发布宝贝"来发布，如图5-9所示。

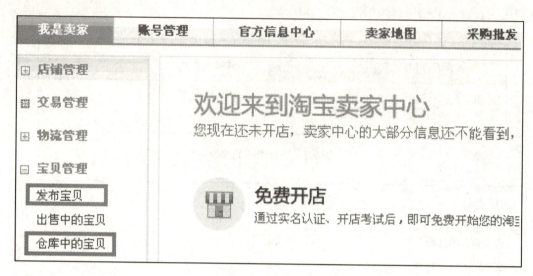

图5-9　发布宝贝

2. 点击"发布宝贝"，进入如图5-10所示界面，选择好需要发布的商品，点击"我已阅读以下规则，现在发布宝贝"按钮。

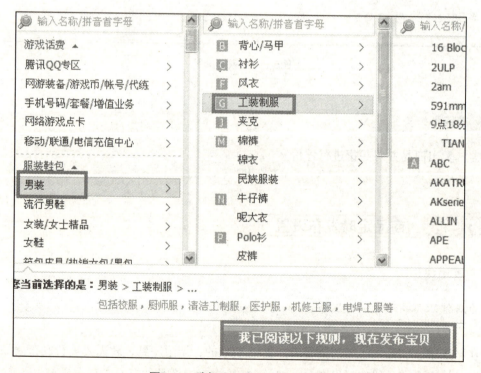

图5-10　选择宝贝类目，发布宝贝

3. 定时发布宝贝。登录淘宝助理界面,选择"宝贝管理"选项下的"所有宝贝",如图5-11所示。在所有宝贝中选择需要定时发布的宝贝,选好后,点击"批量编辑"按钮,进入"批量编辑宝贝"界面如图5-12所示,设置发布时间和间隔时间,间隔时间可以选择天、小时、分钟,然后点击"保存"返回,就可以上传了。

图5-11 选择批量编辑的宝贝

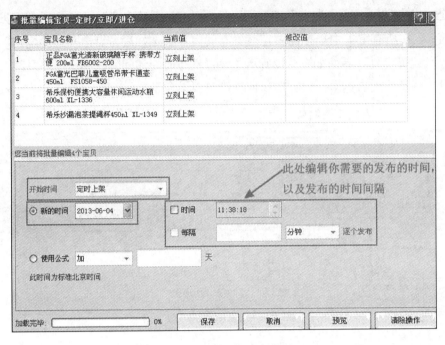

图5-12　定时发布时间设置

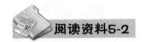

发布商品的最佳时间

商品发布的时机选择有技巧，需要掌握人们上网时段的高峰期，让商品在上网高峰期上架。做好这些细节，能为店铺带来更大的流量，为商品赢来更有利的推荐机会，达到事半功倍的效果。

网上购物是有时间段的，不同的时间段有不同的网络流量。11:00～17:00和19:00～23:00这两个时间段是上网人流量的高峰期。

如果商品下架时正好遇上上网高峰期，那么即将下架的商品将获得很靠前的搜索排名，店铺的流量也会爆增。相反，如果商品的下架时间在深夜或者凌晨，那时很少有人上网，即使商品获得了很好的搜索排名，也已经毫无意义，原因就是那时候上网的买家太少。掌握了这个规律，就可以按此规律分批发布商品。

掌握商品发布的技巧

发布商品的有效期为7天或者14天，建议选择7天，原因很简单，7天比14天多了一次下架的机会，可以获得更多的宣传机会。

商品尽量选择在黄金时段内上架,这样下架的时间也会是黄金时段,如一件商品在周日晚上20:00上架,有效期为7天,那么下架的时间就是下周日的20:00,买家数量最多的时段就是商品上架的最佳时段。

商品不要在同一时间段全部上架,因为商品同时上架也会同时下架,所以应该分时段上架。例如,有140件商品,分7天上架,每天上架20件商品,这样在11:00~17:00和19:00~23:00这两个黄金时间段内,每隔半小时左右发布一件新商品。通过分隔发布,在整个黄金时间段内,网店的很大一部分商品可以获得很靠前的搜索排名,店铺的流量也会爆增。

一般的C2C电子商务平台中都会要求设置商品发布有效期,一般只有7天与14天两个选择。实际上商品剩余时间越短,成交的可能性会越高,因为即将结束的商品总会被排在搜索的最前面,被浏览到的可能性大,所以建议卖家选择有效期时,最好选择7天,与选择14天相比,就会有两次机会排在前面,而14天只有一次机会。

在网店所在的C2C平台上,设置商品的定时发布时间。

卖家要熟练掌握目前常用的交流软件QQ、MSN和C2C平台专门提供的顾客沟通交流软件的下载、安装和应用。

在与顾客沟通时,要遵循预先考虑顾客的需求、接受顾客的差评、为顾客着想、尊重顾客等网上与顾客沟通的原则;并且还能掌握注重网络礼仪、开展即时交流、巧妙进行价格磋商等网上与顾客沟通的技巧。

在处理顾客留言时,需要注意留言管理的技巧并学会善于利用留言的广告效应。

一个成功的网店经营者要养成及时回复买家评价的好习惯。

熟练掌握商品定时发布的技巧,使自己的商品获得靠前的搜索排名,增加店铺的流量。

学习情境6　网店管理——线下管理

能力目标

通过学习情境6的学习与实践，学生应该具备以下能力：
1. 能够进行店铺备货。
2. 熟悉各种商品的包装方法。
3. 掌握各种发货方式需要注意的问题并解决问题。
4. 能够熟练地进行运费的设置。

任务导入

当有了第一笔订单，就进入网店的实际操作过程。如何把货物交到客户手里，具体的操作流程如何？选择哪种发货方式？如何进行出入库管理？如何选择包装材料与方式？如何计算运费？带着这些工作任务，进入学习情境6的学习。

工作任务1　如何备货

任务描述

1. 供应商、货源的选择与维护。
2. 根据客户订单信息，预备合格的货品。
3. 管理货品库存，及时统计并补充或清理货物。

1. 供应商、货源的选择与维护

选择供应商和货源要符合自己网店经营的定位和所针对的市场，了解对方的商业操作模式，再根据自己的实际情况与对方进行协商，探讨最适合和最有利的合作形式。

1）供应商的选择与维护

供应商选择的一个基本原则是供应商能提供符合自己网店定位的、性价比高的商品，最好选择直接的商品生产者作为货源供应商，可以最大限度地降低进货成本。进货时可以货比三家，同类商品选择三个报价方，综合考虑最优方案。

经营一段时间后（月末或季末），对商品的采购额和销售额进行简单的财务统计和分析（如自制Excel电子表格），了解网店经营情况，对各个供应商进行综合评价，对价格较低、商品购买数量相对较多、客户反馈良好的供应商，以后可以增加合作。反馈不好的供应商，淘汰后重新选择新的合作者。

此外，卖家还需要多关注新产品讯息，预测市场行情，了解竞争对手的经营状况，取长补短；并时刻跟踪同类产品升级换代情况，及时调整店铺供货信息；还要掌握不同供货商的促销信息，抓住机会，节约成本。

2）货源的选择与维护

（1）自行存货。自行存货是指从供应商处一次性购进一批货品，放置在自己的仓库内，有客户需要时，可随时调出并发货。这种方式的优点在于：便于库存控制管理，灵活性大，发货及时，可以随时掌握货物状况。但这种方式占用资金，并且不利于掌握客户对商品的实际需求数量，应对市场不灵活。自行存货适合于同类货品需求量大的业务模式。

（2）供应商代发货。供应商代发货是指与供应商协商一致，接到订单才联系货源，按客户指定的需求数量和交货地址通知供应商直接将货品发至客户手中，这样既可以节约资金，又可以免除货品库存的麻烦，但不利于及时有效地掌握货物发出的时间和运输质量。供应商代发货适用于订货数量少、货品需求种类多的业务模式。

（3）与货源供应商的调换货。根据具体情况与供应商协商好调换货。例如，产品运输途中发生损坏，产品有质量问题，实际货品与用户订货商品不一致等情况一旦出现，供应商有义务提供调换货服务。需要卖家注意的是，一定要在合同中制定好具体的产品保修期、退换货政策、是否提供发票、维修措施、运费承担等相关条款。

3）供应商与货源情况建档

按照自己的进货情况建立一份简单的表格档案，方便自己对供应商与货源情况进行即时管理和优化，如表6-1所示。依据表格显示的状况可以随时调整进货渠道，但也要注意保持和原供应商的联系，在他们有新的产品或商品打折等促销活动时，还可以再次合作。

表6-1 供应商和货源情况统计表

序号	供应商	产品名称	型号	进货单价	进货数量	本期累计卖出	特殊处理	发货时长	付款条件	备注
1	名称：									
	联系人：									
	电话：									
	传真：									
	E-mail：									
	网址：									

2. 根据客户订单信息，预备合格的货品

选择好供应商、备好货源之后，就要根据客户订单情况准备发货。发货前一定要仔细核对货物的相关信息：核对客户订货信息，确认前期工作都已经做好，收付款条件等都已经按步骤操作完成；按订单要求备好货品后，认真检查货品名称、规格、数量、价格等是否准确无误；制作好要随货品一起发出的发货单，客户在收到货物时就可以准确核对是否与所购商品相符。

3. 管理货品库存，及时统计并补充或清理货物

随时把握库存量的多少，一方面保证下一阶段订货量的需要，另一方面还要考虑货物的资金积压问题，二者最好能适当平衡。

1）做好简单的"进—销—存"财务管理

在网店经营过程中，要定期对货物的进、销、存信息，销售收入与成本费用进行账务统计，以确定盈亏，随时了解网店经营的状况，并根据财务数据做下一步的经营决策。

（1）销售收入管理。用Excel电子表格自制一份销售统计表，结合库存商品数据和每天的销售情况，设计初期库存量、最新库存量、销售数量、销售金额、当日收入小计等栏目，设定好计算公式。在相应栏目输入数据后，自动生成计算结果。例如，"最新库存量"一栏，能够自动用初期库存量减去当日发生的销售量，得出最新库存量，这样卖家就可以对当天发生的销售信息及收入情况一目了然，并可以根据当前的库存情况决定是否增补商品。

（2）费用成本管理。一定要全盘考虑费用成本，将所有发生的成本费用都用明细分列出来，如进货成本、进货运费、库存管理费用、人工成本、销售邮寄费、促销费用等，每天对费用进行登记与统计，期末分析核算，扣除相关费用，利用公式"利润＝收入－成本－费用"核算每天的净利润。卖家还需要经常关注并及时找出不合理的费用支出，改进业务流程，增加网店利润。

2）库存管理

（1）设置最大库存量和最小库存量。过多的库存不仅占用资金，而且不便于保存，还需要做好防潮防损措施；过少的库存量又不能满足消费者的需求，需要经常补货。因此建议根据所经营商品的实际情况设置最大库存量和最小库存量，在具体设定时，可以视商品的特征而定，如低值小商品，数量可以在几十件到几百件之间；价值较高的商品，可控制在几件到几十件之间。设定好以后，卖家在进货时不能高于最大库存量，当商品卖出后库存低于最小库存量时，要及时补充货物。

（2）登记货物出入库情况。把当日当期的期末库存量计入下一天或下一期的期初数据，便于随时进行库存管理。根据货物的动态库存并结合销售淡季和旺季可以适时调整库存限量。

（3）采取多种促销活动进行清仓。刚开始经营网店时，很容易出现由于不了解销售情况而多订货的情况，部分货物会因为滞销而积压，此时应适当采取多种促销活动进行清仓。

3）清仓促销的方式

（1）限时限量促销商品。利用大部分消费者"捡便宜"的心理，精心设计有限定条件的商品广告。例如，"三日之内，本商品四折出售，欲购者从速"、"优惠仅限于前20名幸运者"。这种限定时间、限定销量的广告宣传能很好地抓住顾客的购买心理。

> 限时促销是一种非常有效的促销手段。但如果不能系统地把握其中的诀窍，不仅不能取得很好的效果，反而会弄巧成拙。

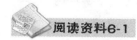

限时促销的注意事项

1. 选择商品

哪些商品适合限时促销？流行商品、应季商品、大众化商品、单价不过高（也不太低）的商品一般是首选。限时促销商品根据种类最好定为原价的4～8折，价格不能太低，太低会有假货、滞销货的嫌疑。

2. 选择促销时间

很多限时商品促销失败都与时机选择有关。可以选择节假日、周末，特别是有大型促销活动的时候比较好，如换季促销、黄金消费周等时间。因为这时网上的人流量大，限时抢购的效果好。

（2）网上赠品促销。赠品促销就是消费者在购物时，以"赠品"赠送的形式向消费者提供优惠，吸引其参与该品牌或该产品的购买。运用好赠品促销，可以创造出基于该产品或服务的独具特色的、竞争对手不能轻易模仿的良好效果。

赠品可以是各种不同的商品，可以是产品样品，也可以是一件有纪念意义的礼物；可以是生活用品，也可以是自己的或者其他品牌的商品。只要适合促销目标的商品，都是赠品的选择范围。

阅读资料6-2

选择赠品需要注意的问题

1. 不要选择次品、劣质品作为赠品，这样做只会适得其反。
2. 明确促销目的，选择能够吸引消费者的产品。
3. 注意时间和时机，注意赠品的时间性，如冬季不能赠送只在夏季才能用的物品。
4. 注意预算和市场需求，赠品要在能接受的范围内，不能过度赠送赠品。

（3）购物积分促销。积分作为一种有效巩固和激励老顾客多次购买的促销手段，在商家促销中得到了广泛应用。积分促销一般设置价值较高的奖品，消费者通过多次购买或多次参加某项活动来增加积分以获得奖励。积分促销可以增加顾客访问网站和参加某项活动的次数，可以增加顾客对网站的忠诚度。

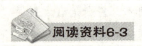

> 积分促销方式的优点是可以吸引买家再次来店购买，以及介绍新买家来店购买，这样不仅可以巩固老顾客，使其得到更多的优惠，还可以拓展发掘潜在顾客。

（4）打折促销。由于打折促销直接让利于消费者，买家可以直接感受到实惠，是目前比较常用的一种阶段性的促销方式。常用的折扣形式包括：① 不定期折扣，在重要的节日，如春节、情人节、母亲节、圣诞节等节日进行打折优惠，因为节假日人们往往更具有购买潜力和购买冲动；② 变相折扣，如采取"捆绑"销售，以礼盒方式销售。

阅读资料6-3

打折促销的优点

1. 效果明显。
2. 活动易操作。
3. 是简单有效的竞争手段。
4. 有利于留住老顾客。

（5）免邮费促销。网络购物中的邮费问题一直是买家关注的焦点之一，店主可以根据买家所购商品的数量来相应地减免邮费，促进买家的购买意愿并增加购买数量。

 **技能训练**

1. 以表6-1为例,根据网店的实际进货情况填制一份进货情况表。

2. 制作一套能完整反映自己所经营网店的当日进销存状况的财务报表。提示:可设置一份销售收入表,如初期库存量、最新库存量、当日卖出商品的销售数量、销售金额、当日收入小计等;一份费用成本明细表,如销售成本(及明细)、其他业务支出(及明细)、营业外支出(及明细)、税收及其他成本费用(及明细)等。

3. 设计一个简单的清仓促销策划方案。

工作任务2　各种商品包装方法

 任务描述

1. 包装的基础知识。
2. 包装材料的选择。
3. 不同商品采用不同的包装方式。
4. 待配送商品包装流程。

> **小提示**
>
> 课前应搜集一些包装材料,具体物品参考"2. 包装材料的选择"以备课堂教学过程使用。

商品总是和包装联系在一起,有些包装已成为商品的一个组成部分。商品包装的主要作用是保护商品、方便运输、促进销售。

1. 包装的基础知识

1)商品包装的注意事项

保证商品包装在运输途中不易损坏,即做到防碰撞、防潮、防漏;尽量减少外包装的体积和重量,符合配送标准规定的最低运费要求;法律规定禁止运送的商品不能运送,如易燃易爆物品、有毒危险品、淫秽物品、盗版知识产权物品、古董、化工产品、不明粉末状物品等。

2）特殊商品的包装运输要求

有些商品有特殊的运输要求，需要引起配送人员的特殊关注，以保证货物送达时完好无损，如易碎商品、易潮商品等。首先分辨该商品在运输途中需要特别注意哪些方面，然后在包装表面按表6-2规定的标识做一些特殊记号。

表6-2 特殊商品的标志名称和运输要求

序号	标志名称	标志图形	运输要求
1	易碎物品		运输包装件内装易碎品，因此搬运时应小心轻放
2	禁用手钩		搬运运输包装件时禁用手钩
3	向上		表明运输包装件的正确位置是竖直向上
4	怕晒		表明运输包装件不能直接照晒
5	怕辐射		包装物品一旦受辐射便会完全变质或损坏
6	怕雨		包装件怕雨淋
7	重心		表明一个单元货物的重心
8	禁止翻滚		不能翻滚运输包装
9	此面禁用手推车		搬运货物时此面禁放手推车
10	禁用叉车		不能用升降叉车搬运的包装件
11	由此夹起		表明装运货物时夹钳放置的位置
12	此处不能卡夹		表明装卸货物时此处不能用夹钳夹持
13	堆码重量极限		表明该运输包装件所能承受的最大重量极限

续表

序号	标志名称	标志图形	运输要求
14	堆码层数极限		相同包装的最大堆码层数,数字"6"表示层数极限
15	禁止堆码		该包装件不能堆码并且其上也不能放置其他负载
16	由此吊起		起吊货物时挂链条的位置
17	温度极限		表明运输包装件应该保持的温度极限

（1）标志尺寸一般分为4种，如表6-3所示。如遇特大或特小的运输包装件，标志的尺寸可以比表6-3中的规定尺寸适当扩大或缩小一定的比例。

表6-3　标志尺寸

序号	长/mm	宽/mm
1	70	50
2	140	100
3	210	150
4	280	200

（2）标志颜色应为黑色，如果包装的颜色使得黑色标志显得不清晰，则应在印刷面上用适当的对比色，最好以白色作为图示标志的底色。避免采用容易同危险品标志相混淆的颜色，一般应避免采用红色、橙色或黄色。

2. 包装材料的选择

检验包装是否结实是保证商品寄送质量的重要环节，绝大多数商品价格不仅包括了货物本身，还需要客户支付运费，其中包装费是必不可少的。因此不合格的包装最容易受到客户的指责和投诉，如何选择最合适的包装材料，是卖家必须注意的问题。常见的包装材料有以下几种。

1）纸箱

纸箱是最常用的包装材料，可从邮局购买（成本较高），也可以用自备纸箱或自制纸箱，如图6-1所示。在邮寄过程中，纸箱内部如果有太大的空隙，就必须塞满填充物，这样既增加了重量，又多支付运费。如果能利用一些废旧的硬纸板按照商品的体积大小自制纸箱，不但可以利用再回收资源，还可以减少不必要的运费支出。

图6-1　纸箱

日常生活中可以积累一些大大小小的比较结实的纸箱，然后根据自己的需要选择合适的纸箱邮寄商品。

2）布袋

搜集一些粗白布袋，或者用价格便宜的粗白布自行缝制布袋，用于邮寄一些较柔软的商品，如图6-2所示。布袋成本低，重量轻，可以大大节约运费。但其保护性差，对于硬件商品不适用，适合服装、毛绒玩具等物品的运送。

图6-2　布袋

3）塑料快递袋

有些快递公司可以提供结实的塑料袋，对于软硬适度，又无太高防挤压要求的商品，可以直接用物流公司提供的优质塑料袋，如图6-3所示，特别适合软提包、小件日用品等的邮寄。

图6-3　塑料快递袋

4）气泡袋

这种包装重量轻,保护性较强,防挤压效果好,对于量小质轻的扁平形商品比较适用,如光盘、礼盒等,如图6-4所示。

图6-4　气泡袋

5）牛皮纸袋

牛皮纸袋多用于印刷品的邮寄,对体积小、不易变形的商品也可以使用,如图6-5所示。

图6-5　牛皮纸袋

6)填充物

填充物有以下几种形式：废旧的报纸、废纸等揉成纸团或撕成纸条填充；搜集一些塑料泡沫，或到批发市场购买专门用于填充的泡沫，如图6-6所示；用无漏洞的塑料袋充气后封口做气囊，如图6-7所示。

图6-6 塑料泡沫填充物

图6-7 气囊

7)胶带

胶带用于封箱，封箱时注意所有的开口处都要用胶带封严密，包括边角部位，如图6-8所示。

图6-8 胶带

3. 不同商品采用不同的包装方式

针对各种不同商品的特性，应采取不同的包装方式。

1)书籍类

书籍最常用的包装是，先在外面包上一层塑料袋，可以防水防潮，再装入牛皮纸信封袋，这是包装印刷品的最佳方式，如果担心封面卷曲或者弄皱，可以在上下表面放一块硬质纸片或纸板，能更好地保护商品。

2）纺织类

纺织类商品运送首选布袋，也可以用快递公司专用加厚塑料袋，因为纺织类商品柔软不易损坏，不怕挤压，却需要注意防潮防污，所以最好在商品外面多套几层塑料袋并密封好，再装入布袋内封好口。

3）香水、化妆品类

化妆品大部分是霜状、乳状、水质，多为玻璃瓶包装，此类商品属于敏感度较高的商品，有些配送人员可能会拒绝寄送，因此要预先与客户协商可能会发生延迟现象。内包装一定要严格做好防漏防破损措施，必要时可在客户同意的情况下，拆开化妆品的原包装对盛装化妆品的容器采取进一步密封和防撞措施。香水包装可以用透明的气泡膜，在香水盒上多裹几圈，然后用透明胶带纸紧紧封住，再把裹好的香水放在小纸箱里，里面塞上泡沫块。

4）礼品、首饰类

寄送礼品、首饰类商品用纸箱包装，并且在包装箱内的空隙处装入填充物，防止首饰在运输途中因剧烈晃动而损坏，外包装一定要密封好，各边角及缝隙都用胶带贴严密，以防止包装开缝首饰漏出。还可以附上一些祝福形式的小卡片，写一些关于此饰品的说明和小故事，使饰品显得更有故事和内涵。

5）数码产品类

数码产品类商品价值较高，对防震防损的要求也较高，而且寄送过程中最好填写保价金额，以免出现差错时无法赔偿。包装防护手段要做足，商品的原包装不要破坏，产品外层最好再用一层气泡袋包裹，商品和外包装之间要装满填充物，卖家收货时才能保证包装完好而不至于拒收。

6）光盘类

寄送光盘类商品可以选择专用光盘包装纸箱，也可以将已经用气泡袋包裹严密的光盘放入硬纸质信封内邮寄，如快递经常采用的纸质信封等，再用胶带密封严实即可。

7）食品类

易碎食品、罐装食品宜用纸盒或纸箱包装，让买家看着放心吃着也放心。在邮寄食品之前一定要确认买家的具体位置、联系方式，了解运送到达所需要的时间。由于食品有保质期，且其品质还受温度和包装等因素影响，为防止食品运送时间过长导致变质，一般来说，邮寄食品时最好保证物流公司的速度。

8）大件物品

大件物品可以有多种运输方式，无论采取哪一种，都要注意挤压和堆码的限度，因为运输途中会有被放置在下层的可能，必要时可以在包装表面标注有特殊要求的标识。根据重量和体积可以采用结实坚固的纸箱或者木箱。

4. 制作装箱清单

网店卖出了商品，要认真核对所备货物是否与客户的要求相符，同时还必须在货物发到客户手中时，向客户提供方便核对和清点的凭证。因此要制作一份简单的装箱清单随货发出，还有的客户需要各种票据、卖家名片等，也可以一起装箱。表6-4即为装箱清单。

表6-4 装箱清单

收货人：　　　　　　订单号：　　　　　　发货人：

序号	商品名称	规格	数量（件）
总计：			

5. 防震要求高商品的包装步骤

对防震要求较高的商品，则可以按以下步骤进行包装。

准备好各种必备的包装材料；检查商品表面是否要采用其他防护手段，如加气泡袋包裹，或者采取一些密封措施等；在纸箱内部做好防撞措施，如先铺垫一层厚薄适度的填充物，再放入已经初步打包好的商品；在箱内空隙部分继续加入填充物，直至加到商品固定在箱内无法晃动为止；将做好的装箱发货清单、发票等用信封装好放入箱内；关闭箱盖，用胶带封住开口处，再从垂直角度多贴几次胶带，检查其他边角处是否缝隙过大，密合后也用胶带贴严实，只要有缝隙的地方，都要用胶带贴好；在箱体表面贴上填制好的发货单，特殊要求的货物在前述正确位置做好标识。准备完毕后货品就可以交给配送人员发货了。

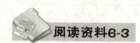
阅读资料6-3

包装时的注意事项

（1）制作店铺名片，包括店名、店铺网址、卖家姓名、联系方式、经营宗旨、经营范围等信息，与装箱清单一并寄给买家。

（2）赠送小礼品、问候小卡片及产品使用小提示。

（3）店铺其他热卖产品介绍。

（4）不要把产品的价格标签放在包装箱内。

（5）包装要干净整洁。

 **技能训练**

1. 课外搜集一些包装材料并能说出此种材料的优点和使用方法。
2. 选择一种商品进行打包练习，并在正确的位置标记出"向上"标识。
3. 制作一份装箱清单，可参考表6-4。

工作任务3　主要物流方式及注意事项

 任务描述

1. 选择合适的物流方式，为良好的配送服务打好基础。
2. 交寄货物的注意事项。
3. 选择服务质量高的快递公司。

1. 选择合适的物流方式

针对C2C网店经营模式，所经营的商品一般重量较轻，体积较小，目前国内物流主要有邮局寄送（平邮）、普通快递、EMS 3种方式，可以根据客户要求和运费标准选择不同的物流方式寄送商品。

1）邮局寄送（平邮）

平邮是比较常见的一种邮寄方式，费用较低，一般被不急需货品的客户采用。平邮的时间较长，约7～15天才能送达。平邮需要自备包装材料，或到邮局购买，商品不要预先封箱，待邮局工作人员查验后再封装。自备材料并自行封箱可以节约材料费和人工费。

填写邮局提供的发货单时，需要特别注意：① 填写时加重写字的力度，以免后面几联字迹不清；② 收件人和寄件人的位置不要填错；③ 地址、电话号码等资料准确完整；④ 特殊要求要注明，如是否易碎、是否保价等。

2）普通快递

普通快递指某些私营物流企业运用自己的网络进行的快递活动。快递过程由专人负责跟踪，内部转手环节少，物流公司有批量固定线路的运输业务，因此速度快于平邮，约3天时间可以到达。缺点是有些相对偏僻的地区因为没有其物流网络，不能提供送货服务。

卖家可以选择几家服务信誉好，价格合理，递送物品安全及时的公司，与他们签订物流合同，长期合作。这样可以保证配送质量的稳定，并且有利于从对方获得更优惠的服务条件。

快递公司的基本特点

（1）资费由快递公司自行制定，有些公司可以议价，价格适中。

（2）邮寄速度很快，且能直接送到收件人手中，比较方便。

（3）对邮寄物品属性有严格的规定，但实际操作中检查不一定严格。

（4）安全保障性能参差不齐，服务态度也有很大差别。

3）EMS

EMS指邮政特快专递服务，安全可靠，送货上门，寄送速度快，资费高，是比较规范的快递操作，因为结合了平邮的寄送网络，所以覆盖地区比普通快递大得多，全国各地都可以要求服务或查询货物，一般1～4天可送达目的地。

> EMS的优点：时间快，可以上网查询，送货上门，物品安全有保障。
>
> EMS的缺点：收费高，部分地区邮局工作人员派送物件前事先不会电话联系，有可能导致收件人不在指定地点，从而耽误物件的接收时间。

4）其他方式

还可以选择物流托运的配送方式，要求托运前必须将货物的包装和标记严格按照合同中有关条款协议办理。不管是汽车托运还是铁路运输，这两种方式主要用于大件货品的配送，一般到达目的地后，需要客户自己到指定地点提货，时间约需7天。运费一般根据里程、重量和不同递送的速度要求设置。

2. 交寄货物的注意事项

1）寄送货物的基本限制要求

据深圳快递网资料显示，邮寄每件包裹重量控制在30kg以内，脆弱易碎、流质易溶物品为10kg；邮寄每件包裹长度控制在1.2m以内；其他货运单件物品重量不超过70kg。

快递的计费单位为500g。计费重量以包裹实际重量（毛重）和体积重量相比，取二者较大者。

2）收发货单据的注意事项

收发货单据一定要核对清楚，以便在某个环节出现问题时，能够找准相关责任人，及时解决处理；如果货物在运输途中发生损坏或丢失，应在收发货时索要货物状况凭据，为追究责任、索赔保险提供证据；在规定的期限内向相关责任人提交书面索赔材料；提供货物的发票、收据等价值证明材料；就赔付金额、支付方式等方面进行磋商；索赔期间可先行发货，但在处理结果完成之前，可暂缓结算运费。

> 我们无法避免有关运输的风险，但是只要我们细致一点，可以尽力将因运输产生的经济和信用损失降到最低。

3. 选择服务质量高的快递公司

现在整个快递市场良莠不齐，那么在选择可靠的配送合作伙伴时，要注意以下问题。

1）选择当地正规注册、规模较大、覆盖面广的快递公司

这类快递公司的主要业务都在当地，会考虑其在本地区客户心目中的形象，因此会提供优质的服务来提高信誉。作为其客户，不仅方便发运和收取货物，还可以在货物出现运输状况时及时有效地沟通索赔。店家要注意选择服务网点较多，不仅在城市设立服务网点，而且在城市周边或各县级市亦提供送货上门服务，能为C2C网店的商家经营带来极大便利的快递公司。

2）选择能够上门收货的快递公司

大部分快递公司都可以提供上门取货服务，尽量不要选择不愿上门的公司。

对于能够上门取货的快递公司，根据取货时所使用的交通工具还可以再做选择。如果用公司自备货车取货，说明公司实力较强，服务较好，管理相对规范，而且能够保证货物的安全，只是成本相对较高，对货物包装要求较严格，属于首选；如果用摩托车取货，说明公司管理灵活机动，成本低廉，速度较快，也可以作为选择对象；如果用自行车取货，该快递公司一般是刚起步的小公司或者经营状况较差的，如果商品价值低，客户又在同城，可以选择，但一般不选择。

3）其他要考虑的问题

对于经营C2C网店的店主，与快递公司的合作会是长期的、频繁的，所以在具体磋商合作条件时，店主可以要求提供优惠方案，另外也可以选择月结方式，省去经常结账带来的麻烦。但自己一定要按时记账，以免到时对账时双方不符。

贵重物品快递的经验之谈

（1）挑选信誉比较好、规模比较大的公司。

（2）运单填写清楚，特别是货物描述中千万不要写货物名称。

（3）很多快递公司都有这样的规定：如果外包装没有损坏，他们就没有责任，不负责赔偿。为了防止箱子破损时快递公司为逃避责任更换箱子，尽量不要使用他们提供的箱子，如果一定要用，记住做标记。

（4）如果包装盒有空间，一定要填满，不要让物品在盒内晃动。用封箱带将纸箱缝隙封死，防盗又防水。

（5）一定要保价，保价时要明确保费金额及保险公司。如果不保价，一般不会得到满意的赔偿。

（6）通知买家一定要开箱检查后再签字确认。

1. 填制一份邮局包裹单或一份快递单。
2. 选择一个你打算合作的快递公司，并列举出你选择其作为合作伙伴的原因。

工作任务4　设置运费

1. 了解不同寄件方式的运费标准。
2. 运费核算。
3. 在网店运费模板内设置运费。

1. 体积重量的运费标准

体积重量的运费标准是指在货物体积小、重量大时，按实际重量计算；在货物体积大、重量小时，按体积计算。"体积重量"的概念和计算方法是由国际航空运输协会统一确定的。即某待运货物如果体积较大，相对而言实际称重偏轻，则参照计算公式为

货物的体积重量（kg）=货物的体积[长（cm）×宽（cm）×高（cm）]/6 000

即将6 000cm³体积的货物折合为1kg重来计算运费，将所得结果与实际称重数据比较，如果称重数值较高，则按称重值计算运费，反之，则用体积重量计算运费。

2. 运费核算

当货品全部包装完成后，将整件货物称重，测量体积，生成货运单据。然后按各种运送方式的规定标准计算运费。以某快递公司价格清单为例，计算运费，如表6-5所示。

表6-5　某快递公司价格清单

地区	首重运费/（元/kg）	续重运费/（元/kg）	到达时间
浙江省	6	2	1个工作日
上海市	6	2	1个工作日
江苏省	6	2	1~2个工作日
安徽省	10	8	1~2个工作日
广东省	13	10	1~2个工作日

首重续重都是按1kg计算，1kg以下只收首重费用，超出的重量按续重费用计算。运费计算公式为

$$首重费用+（重量-1）\times 续重费用=总费用$$

例如，如果3kg货物要运到安徽省，按首重10元/kg、续重8元/kg计算，则运费总额为：10+（3-1）×8=36（元）。

如果需寄送货件体积重量值大于实际称重时，运费按体积重量核算，然后再按上面公式计算运费总额即可。

在网店的实际经营过程中，由于快递合作伙伴是长期的，因此费用相对优惠一些，而且很多单件小货或者近距离运输的货物费用更加低廉。对于重量差距较大的货物，可以直接跟客户沟通，调整收费金额。

> **小提示**
>
> 这里要强调的是，书刊杂志重量较大，如果用快递公司，运费会比较贵。如果不是很急，可以用平邮，也可以按挂号印刷品来邮寄。

3. 在网店运费模版内设置运费

把握了整个运费核算过程之后，卖家就可以在网店界面设置运费。客户在订货时，就可以直接在显示的窗口界面选择愿意承担的运费类型。以淘宝网的运费设置为例，设置某类商品的运费模板，具体过程如下。

第一步，发布或编辑商品时，点选"买家承担运费"单选按钮，然后继续点选"使用运费模板"单选按钮，单击"创建模板"按钮，如图6-9所示。

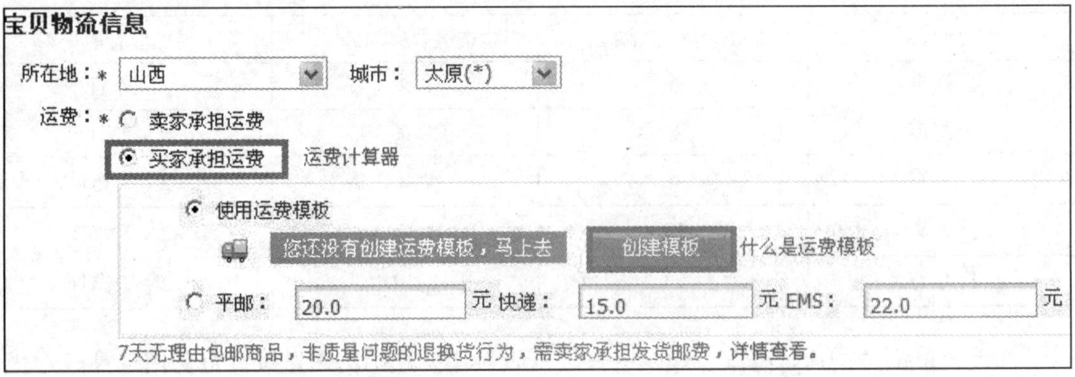

图6-9　买家承担运费

第二步，在"我的运费"界面，在还没有设置过任何运费时，网站会提供一个举例作为参考，如图6-10所示。

图6-10　"我的运费"界面

第三步，在"我的运费"界面中，单击"新增运费模板"按钮，进入"新增运费模板"界面，如图6-11所示。

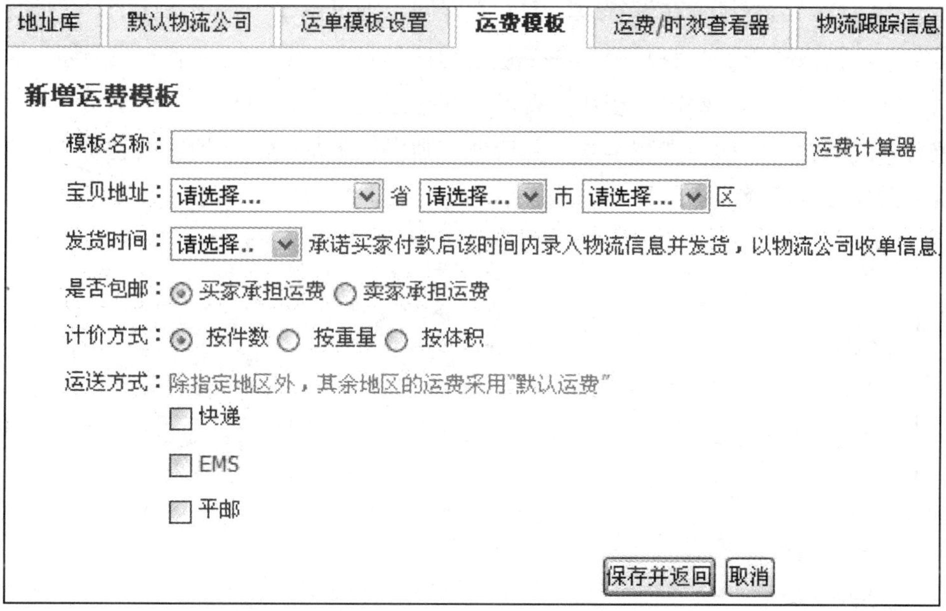

图6-11 新增运费模板

第四步，按网店商品分类进行设置，如在"请输入运费模板名称"文本框中输入"保温杯运费"，在"运送方式"选项区内勾选各运输方式复选框，如图6-12所示。

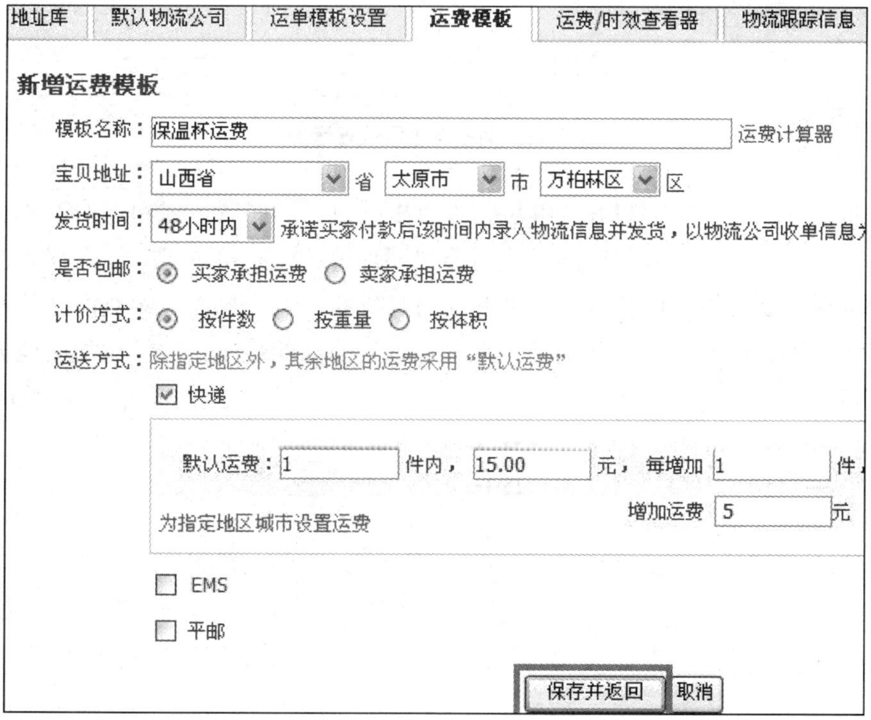

图6-12 已填写的运费模板

第五步，如果运费设置在发货地区方面有限制，则可以单击每项下面的“为指定地区设置运费”，则该项下面会自动弹出一个包含地区信息的对话框，如图6-13所示。勾选要指定地区复选框，单击“确定”按钮，就可以在指定地区应用该项设置的运费了（虚线上部区域为大范围地区，如勾选“华东”复选框，则虚线下部处于该地区的省份如上海、江苏、浙江就都会被选择）。

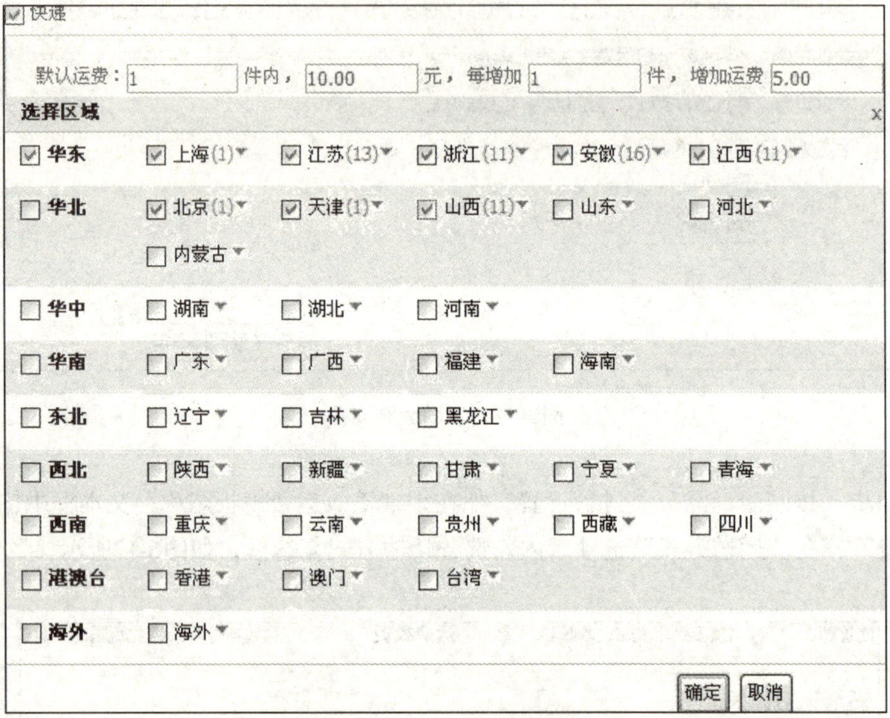

图6-13　为指定地区设置运费

第六步，在选择项内填写好金额后，可以根据自己的经营方式在运费说明栏内写上特别说明，如发货时间、到货时间及快递公司网址等，然后单击下方“保存并返回”按钮，则页面跳转到如图6-14所示的已设置好的“我的运费”界面。某类商品的运费模板就设置好了。如果同时经营几类商品，就可以重复前面的步骤，继续添加其他类型商品的运费模板。

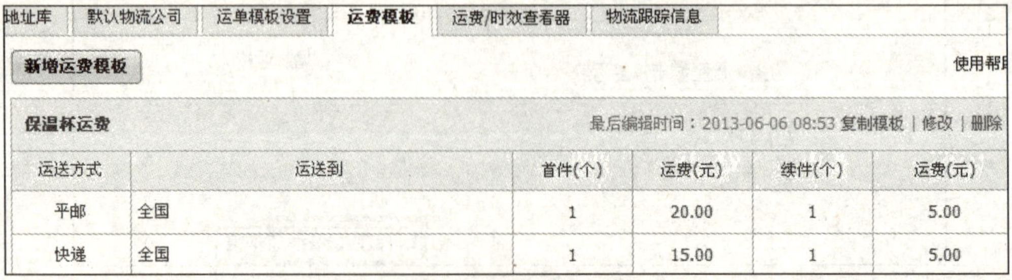

运送方式	运送到	首件(个)	运费(元)	续件(个)	运费(元)
平邮	全国	1	20.00	1	5.00
快递	全国	1	15.00	1	5.00

图6-14　设置好的运费模板

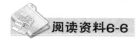

阅读资料6-6

快递公司省钱妙招

（1）处理好与快递公司人员的人际关系。
（2）多找几家快递公司，"价比三家"。
（3）学会与业务员议价。
（4）与朋友合作，互相介绍、互相帮助。
（5）不要只图便宜。
（6）要清楚快递公司的发货时间。

技能训练

1. 以表6-5为参考，核算一件8kg重，外包装体积为50cm（长）×50cm（宽）×30cm（高）的货物，从当地运往山西太原的运费。
2. 在自己开设的网店内设置运费模板。

通过本情境的学习，可以熟练掌握网店的日常线下管理工作。在顺利从供货商那里拿到货之后，需要建立进销存简单的管理账务文件，通过对这些文件的统计分析，做好供应商、货源的选择与维护工作，并且能够根据客户订单信息，预备合格的货品，管理好商品库存。

熟悉并掌握各种商品的包装方法，以及一些特殊商品的包装要求、包装材料的选择，能熟练填制装箱清单并把握商品包装步骤。

C2C模式经营者可以选择的物流方式主要有邮局寄送（平邮）、普通快递、EMS共3种，可以根据客户要求和运费标准选择不同的物流方式寄送商品。卖方在交寄货物时需要把单证保存好，一定要选择服务质量高的快递公司，顺利将商品送达客户手中，并能得到客户的好评。

卖家需要了解不同寄件方式的运费标准及运费核算方法，在与客户沟通后，在网店里设置好运费，客户自主选择快递方式，承担运费支付。

通过本情境的学习，掌握物流、包装、发货方式、运费设置等操作技巧，而且深刻认识商品的流通环节。

学习情境7 售后服务

能力目标

通过学习情境7的学习与实践，学生应该具备以下能力：
1. 能够进行投诉处理。
2. 掌握处理商品纠纷的技巧和方法。
3. 熟悉处理服务纠纷的技巧和方法。
4. 能够熟练地进行物流纠纷的处理。

任务导入

网店经营者在经营一段时间后会发现，尽管自认为本店的服务做得不错，但不可能所有的买家都给出好的评价，甚至有的买家不仅给了差评还对店铺进行了投诉，其中投诉内容涉及商品、服务、物流等多个方面，带着这样的工作任务，进入学习情境7的学习。

工作任务1 投诉及处理

任务描述

1. 客户投诉的原因分析。
2. 投诉处理策略与技巧。
3. 网上处理投诉的方法。
4. 常见的投诉或纠纷问题举例。
5. 正确处理网店获得的差评。
6. 如何建立优质的客户关系。

任何一个商家在经营过程中都会碰到客户不满意的情况，当然产生纠纷的原因也不尽相同，商家不可能满足每一个客户的要求。关键是如何尽量减少产生纠纷的可能性，如何处理投诉或纠纷，是商家应该关注和改进的重点。

1. 客户投诉原因分析

客户容易因为物流、商品质量、卖家服务态度等问题产生不满情绪，继而投诉卖家。具体表现为以下几个方面。

1）没有达到顾客期望值

消费心理学的研究发现：顾客的满意度＝顾客的实际感受/顾客的期望值。一般来说，顾客的期望值越大，购买产品的欲望就越大。但从上面的公式很容易看出，顾客的期望值越高，满意度却越小；而当顾客的期望值适当降低时，满意度会上升。商家如果对顾客的期望值处理不当，尤其是定位过高时，就很容易导致买家产生不满与抱怨。对顾客期望值处理不当主要表现在3个方面。

（1）过度承诺与超限销售。有的卖家承诺包退包换，但是一旦买家真的提出退换要求时，却一再找理由拒绝，引发投诉。

（2）故意隐瞒商品状况。在图片、描述中过分宣传产品的优势性能，却忽略、淡化一些不良的信息，模糊买家的注意力。而买家在收到实际商品后，发现商品与预想不符，会产生失望感，卖家就容易遭到投诉。

（3）对买家提出的要求不理解。不能正确把握买家需求，推荐的商品与买家希望购买的商品功能不符。

2）产品或服务质量欠佳

会引起买家投诉的产品和服务质量问题主要表现包括：产品存在缺陷，有质量问题；产品的包装不当，导致产品在运输途中损坏；产品出现与用户要求不符的瑕疵；买家使用不当导致商品发生故障等。

3）服务人员的态度与方式欠妥

卖家的推荐技巧和工作态度也很容易引起买家的不满，产生抱怨。例如，卖家服务态度差，对买家缺乏必要的尊重和礼貌，语言不当，用词偏颇，引起买家误解；推销方式不正确，推销过程中采用的方法不当，不符合自己网店所经营商品的特点，从而导致买家购买了不需要的商品；缺乏对商品相关知识的掌握，无法正确回答买家的提问或是答非所问。

2. 投诉处理策略与技巧

1）重视买家的投诉

买家的投诉或抱怨，往往存在着商机，不要轻易忽略买家提出的任何一个问题，作为卖家，很有可能从这些抱怨中发现一些深层次的原因，以此来诊断网店内部经营与管理存在的问题，进一步提高自己的经营管理水平。同时，买家的抱怨也是一种双向的沟通，表示用户重视卖家的服务和产品，如果卖家能够恰当处理，就可以赢得更多客户。

2）分析客户投诉的原因

要有针对性地找出买家抱怨的深层次原因，有时看似买家对商品本身的质量或者功能不满，但通过分析后，发现用户更多地是对商家的服务态度或者服务方式的不满。例如，客户购买了一件需要的商品，却发现商品存在不影响使用的瑕疵，当向卖家提出后，卖家却予以否认，并且采取不当态度对待客户。此时买家就产生了抱怨并可能进一步提出对产品质量的投诉，实际上买家的真实不满，是针对卖家的服务态度的。

3）准确及时地解决问题

发生买家对服务不满的抱怨或投诉时，应该在最短的时间内、用最佳的处理方式、以最快的速度答复客户，千万不能采取拖延的办法。如果买家认为自己没有受到足够的重视，不满将会更加强烈。即使卖家通过调查发现，出现问题的主要原因在于客户，也应当及时通知对方，并给出正确的处理建议，而不能简单地不了了之，否则将失去客户的信任，从而失去订单。

4）对每一笔买家投诉及其解决进程进行记录

做好记录并定期总结。经过一定时期的积累，卖家就可以总结自己的经营过程中哪里出现问题最多，是商品问题还是服务问题，或者是配送问题，根据不同环节的投诉情况，有针对性地及时改进，不断提升服务质量，提供更质优价廉的商品。

5）处理投诉后应跟踪买家对处理的反馈意见

买家对处理方式的满意与否，直接决定着他下次会不会再次成为卖家的客户，所以了解客户的反馈意见，是一个非常重要的环节。如果买家对处理结果不满，必须继续跟进处理，直到其认为满意为止，以免因为一个客户对某个商家的不满以辐射效应传播而导致商家失去很多潜在客户。

6）卖家在经营过程中应保持良好的态度

（1）平常心态。商家遇到客户抱怨或投诉的情况很正常，不要因为与买家发生纠纷就产生过激情绪或采取过激行为，处理投诉的过程应以平常心对待，不要把个人的情绪变化带到投诉的处理之中。用卖家的良好心态去影响买家的态度，当店主用微笑的、热情的、积极的态度去解决问题时，客户的情绪也会平静下来，从而双方能够心平气和地一起寻求解决途径，也可以避免投诉升级。

（2）换位思考。卖家应体谅客户的心情，站在客户的角度进行反思，分析如何解决问题。"如果我碰到相同的情况，我的心情会是怎样的，我希望能够得到怎样的处理方式？"只有这样才能体会客户的真正感受，找到最切实有效的方法解决问题。

（3）学会倾听。大部分情况下，客户只是希望有人能够认真聆听他们的抱怨，以此来表达不满，对问题的实际解决与否并没有太多要求。如果买家此时敷衍了事，或者反过来喋喋不休地做出解释，只会使客户更加气愤。此时不妨抱着改进工作的态度，认真倾听客户说些什么，并以真诚谦虚的态度对待客户，问题就会更容易解决。

3. 网上处理投诉的方法

如果有些买家直接向网店平台投诉，卖家还不知道具体遇到什么问题，是比较麻烦的。除了用良好的态度及时为客户解决问题外，还要积极维护自己的权益。在反思究竟哪些地方自己做得不符合交易规则，或者有充足的理由证明不是由自己的过失所造成的结果时，如何消除不良影响呢？卖家可以通过以下两种途径来解决。

1）运用网店平台提供的帮助中心去寻求帮助

第一步，以淘宝网为例，首先卖家要熟悉交易的各项规则，进入淘宝网网站首页，登录淘宝网，进入"淘宝网服务中心"界面，单击"淘宝规则"，如图7-1所示。

图7-1 淘宝网服务中心淘宝规则

第二步，单击之后会自动出现下拉菜单，右边内容窗口则显示规则列表，如图7-2所示。

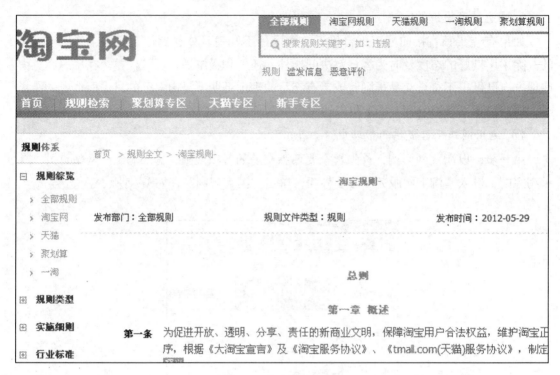

图7-2 淘宝规则页面

第三步,支付环节也是容易引起投诉的敏感环节,因此针对淘宝选用的"支付宝"支付平台,了解其相应规则也是非常必要的。首先在支付宝页面找到右上角显示的"帮助中心",点击"常见问题"下拉菜单中的"交易规则",如图7-3所示。

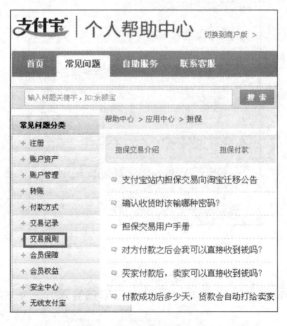

图7-3 支付宝帮助中心

第四步，进入如图7-4所示的页面，点击"交易规则"下拉菜单中的"交易退款"选项。

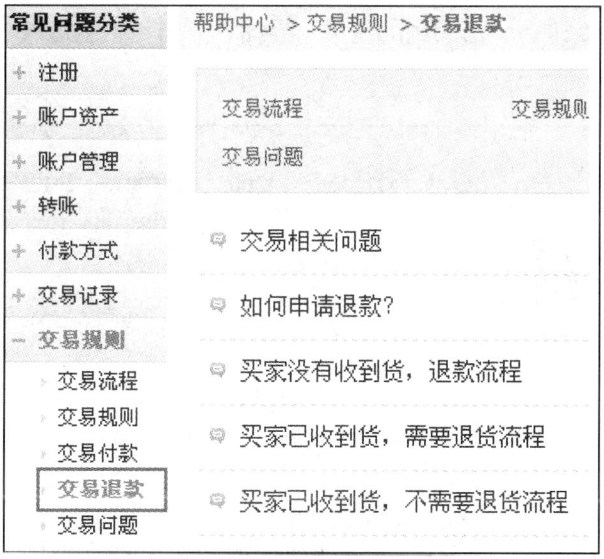

图7-4 支付宝交易规则

第五步，进入"交易退款"页面后，选择需要了解的话题，点击进入，如图7-5所示问题中，选择"已收到货，需要退货流程"，则页面自动进入该话题，就可以直接了解处理过程。对于没有提供处理办法的问题，可以选择"联系客服"去解决。

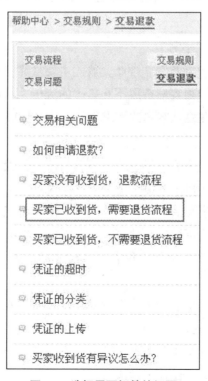

图7-5 选择需要解答的问题

2）向网店平台积极申诉

在卖家手中有足够证据证明并非由自己的原因造成失误时,应向网店平台提供证据进行申诉。登录淘宝网,进入"已买到的宝贝"界面,点击"退款维权"、"投诉卖家"进行申诉如图7-6所示。

图7-6 向卖家申述

4. 常见的投诉或纠纷问题举例

网络上买方与卖方见面的可能性非常低,彼此主要依靠信任建立联系,如果店主和客户沟通不良,或者发生纠纷,很容易造成不利口碑的流传,从而影响整个网店的形象。在网络环境下的经营,尤其要注意从客户的需求出发,提供优质服务和商品。

1）案例1

作为买家最反感的就是卖家用各种理由去解释自己的错误,总是把责任推给别人。当买家有不满情绪时,可以采用以下回复,勇于承认错误。

（1）"非常抱歉,由于我的工作疏忽,出货时没有发现这个细节,真是给您添麻烦了!我会立即调查,谢谢您告诉我这个情况。我现在就帮您换一件吧。"

（2）"谢谢您告诉我这个状况,我会马上跟公司反映,并立即做出调整,真是谢谢了。"

（3）"您放心,我们承诺就一定负责到底,这次我们发货时会多检查几次,确认没问题后,再将东西给您快递过去。"

（4）"真不好意思,这是我服务不到位的地方,您放心,这次给您换个新的。我们一定好好检查,确认没有问题再给您快递过去。"

2）案例2

卖家：您好，我想同您商量有关您昨天那张矫形床的事。您认为那张床有什么问题吗？

买家：我觉得这种床太硬。

卖家：您觉得这床太硬吗？

买家：是的，我并不要求它是弹簧床，但它实在太硬了。

卖家：我不明白，您不是原来跟我讲您的背部目前需要有东西支撑吗？

买家：对，不过我担心床如果太硬，对我造成的危害将不亚于软床。

卖家：可是您开始不是认为这床很适合您吗？怎么过了一天就不适合了呢？

买家：我不太喜欢，从各个方面都觉得不合适。

卖家：可是您的情况很适合这种床治疗。

买家：我有治疗医生，这你不用操心。

卖家：我觉得您需要我们的矫形顾问的指导。

买家：我不需要。

卖家：你怎么这样，说好的要买的，今天又变卦了，怎么出尔反尔，不讲信用呢？

……

卖家与顾客最后发生了争执，在争论中获胜，却也彻底失去了这位顾客。

3）案例3

购买商品：圆形饼干钟表。

买家差评：由于频频上当。好久都没有在网上购物了。这次还是忍不住买了这块表，结果又上当了。你们究竟在干什么？

卖家解释：马三立说了——"逗你玩！"

购买商品：马鞭草——瘦身，治疗头痛。

买家差评：为什么你的马鞭草和别人家的不一样？

卖家解释：为什么你和别人长的不一样？

购买商品：镀白金项链。

买家中评：我女朋友的评价是"一般"。

卖家解释：你给她买个钻戒看看！

以上是卖家对顾客差评和中评的态度，这样只会永远失去顾客。

> **小提示**
>
> 一般情况下买家都是很友好的，尽量和买家沟通好，如果认为买家提出的问题可以通过换货解决，那就尽量换货。如果买家提出的要求换货也解决不了，那就选择退货。

5. 正确处理网店获得的差评

网店经营平台为了监控卖家的经营诚信状况，为每个网店开通了审核评价功能，而买卖成交后，买卖双方的互评体系是其他买家和卖家的重要参考依据，是网店经营平台不可缺少的功能模块。评价一般分为好评、中评和差评3个等级，用户根据对商品和服务的直接感受选择不同的评价标准。对于卖方来说，得到好评加一分，得到差评扣一分。如果差评过多，无疑会影响网店经营的效益，使其他买家望而却步。所以如何对待和处理买家的差评是非常重要的。

1）认真分析原因寻找对策

在看到差评时，要心平气和地寻找原因。一般差评有以下几种情况：一是因为物流速度慢，而是因为卖家回复慢，三是由于对商品的主观判断。

如果是卖家的过错，要想办法弥补。即使是运输过程出了问题，也不要让买家完全承担。如果遇到以差评威胁自己的买家，要找到有力证据，坚决维护自己的利益。

2）第一时间承认错误

如果卖家在第一时间承认错误，买家就会感到卖家是有责任心的，气就会消下去。如果卖家又在第一时间拿出解决方案，买家的态度一定会有所缓和。

3）耐心、积极沟通

最难应付的是那些买了东西但认为是假货，不仅要退货，还要给差评的买家。还有的买家拍下商品后，还没有交易就认为商品与描述不符，要给差评。面对这样的买家，耐心和积极沟通就成为重要手段。

阅读资料7-1

怎样避免买家的中差评

（1）做好售前和售中商品介绍服务。

（2）严把商品质量关。

（3）商品描述要客观，图片尽可能接近实物。

（4）商品包装要仔细完好。

（5）良好的售后服务。

（6）善于使用QQ表情。

（7）勇于面对评价。

（8）认真分析买家类别，区别对待。

6. 建立优质的客户关系

经营网店并不是一个短期的行为，在长期的经营过程中，店主希望拥有更多的长期客户，如何对有重复购买行为和愿望的买家进行跟踪和管理，也是店主应该用心考虑的问题。可以通过建立简单有效的客户跟踪档案,来建立优质的客户关系。

1)建立客户档案

(1)用Excel电子表格建立客户档案。建立Excel客户档案的好处是,操作灵活方便,不需要联网也可以随时调取和运用,批量编辑简单易用,只要有基本的Excel使用知识,就可以很好地操作选项。制作表格时可以采用这些信息进行客户数据记录,如交易日期、用户网名、真实姓名、联系电话、E-mail、收货地址、成交金额、会员级别、赠品、备注等。图7-7所示为Excel电子表格样式。

图7-7 Excel客户管理表格

(2)利用软件建立客户档案。客户管理软件现在是每一个商业经营者都会关注的客户关系维护数据库。很多网站可以提供免费的客户关系管理软件,但大多数比较实用的软件都需要付费。如图7-8、7-9、7-10,例如,阿里巴巴为淘宝用户量身定做的Alisoft网店版管理软件的各版块界面,能够让C2C经营者很好地管理自己网店经营状况的数据,包括往来客户的各方面数据,如图7-8~7-11所示。

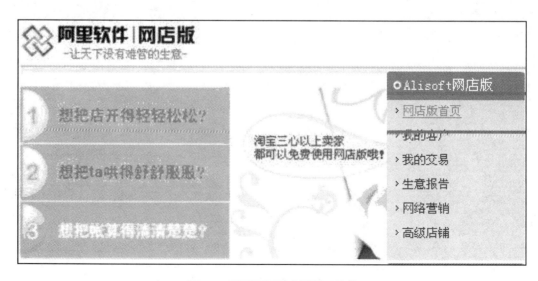

图7-8 阿里巴巴网店版管理软件

图7-9 客户关系管理专业软件

图7-10 专业客户管理软件的客户统计分析功能

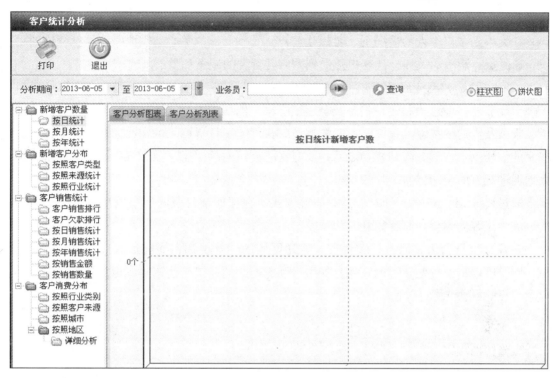

图7-11　专业客户管理软件的客户统计分析图表

怎样确认新买家

一般通过注册时间、信用等级或聊天交流来了解买家资历。对于这类买家要多引导，通过言语沟通建立信任，事先解释清楚需要买家配合的环节，达成共识才能愉快交易。因为新买家很可能会成为忠实买家。

2）提供优质的客户跟踪服务

当一个客户在某家网店购买了一次商品后，就从网店潜在顾客成为了事实上的买家，这是每一个商家都希望得到的结果，所以一定不要轻易让已经成交过的客户流失。对购买了商品的客户数据进行翔实的记录后，就有了继续跟踪的条件，要有意识地培养客户的品牌忠诚度。商家可以定期或不定期通过电话、电子邮件、交流软件留言等方式询问买家使用商品或服务的感受。通过卖家周到的售后跟踪，买家会感到自己作为客户是受到尊重和重视的，会加深对卖家的正面印象，从而建立起对卖家的信任。在下一次有相同或相似产品的需要时，会优先考虑关心其感受的卖家。如果卖家还经营不同种类的商品，可以在与客户的交流沟通中传递相关的商品信息，给客户更多可供选择的机会，也能够更多地促进商品的成交。

3）给予客户真诚关怀

在见不到客户本人的情况下，要想让客户感受到商家的关心，需要采用情感营销的手段，通过点点滴滴的关怀，让客户感受到网店经营者的诚意和爱心。

买家在开始和网店经营者就商品问题交流，以及在以后的交易过程中，商家可以将每一个环节的处理过程和交易状态及时通知买家。例如，通过交流平台留言，告知买家发货、收款及当前的物流状态等，买家能够及时收到关于订货商品的在途信息，就会提高对卖家的信任感。在对方收到货物之后，及时提醒使用时的注意事项和售后服务的要求，极大地促进双方的长期合作。

通过E-mail、交流平台或手机短信等方式，在任何节日及时送上网店署名的小小问候，能够让客户体会到商家的真诚和关爱。

在客户生日当天，以各种关怀方式发送网店的生日祝福，能够给客户一份暖心的感受，同时可以采取一些营销的技巧，如生日当天购买商品给予优惠等，也能够吸引到一部分老客户的再次光顾。

1.案例：

购买产品：新款2395家庭保健药箱。

顾客差评：货和我要的数量不一样。我要3个医药盒，可只发给我了一个。也没提前通知我。

在以上案例中，针对卖家得到的差评写出你的处理方案（提示：从你应该持有的处理态度、处理方法、注意的事项，以及应该联系哪些相关环节的工作人员解决问题的角度来考虑，同时打算如何得到买家的反馈结果）。

2.用搜索引擎搜索一款免费的客户关系管理软件，下载并应用。以3位同学的个人资料作为客户原始资料进行操作管理。必须包括以下内容：输入客户详细信息，向客户发送商品打折提示信息，向其中一位客户发送生日祝福。

工作任务2　处理商品纠纷

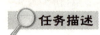

1.产生商品纠纷的情况。

2.预防商品纠纷产生。

3.商品纠纷的处理建议。

1. 产生商品纠纷的情况

买家对卖家提供的商品不满意是在网店的经营中最常见的产生商品纠纷的原因。一般来说，对商品的不满主要源于以下几点。

1）对商品质量不满

货物名称：带核话梅500克。

顾客中评：怎么话梅变干梅了？和我要的完全不相符哦。

卖家解释：大概时间长干了吧，一样的，也挺好吃。

2）对商品描述与实物不符的不满

例1：

货物名称：内蒙特产内蒙古风干牛肉干。

顾客中评：商品描述与货物差距太大。

卖家解释：做人要厚道！

例2：

货物名称：水晶球。

顾客差评：球球挺好，照片上的底座为啥不给我？

卖家解释：冤枉！那是我的烟灰缸。

3）对商品使用效果与描述不符的不满

例1：

顾客差评：此广告与实际效果不相符，请大家擦亮眼睛。

卖家解释：此评价与实际情况不相符，请大家擦亮眼睛。

例2：

货物名称：草本配方，安全减肥。

顾客差评：实际服用的情况与网上的描述根本不一样，也没有说明书上的效果，服用后心慌，厌食，睡不着，一点作用都没有。

卖家解释：撒谎，副作用和描述完全吻合！

2. 预防商品纠纷的产生

对于商品纠纷的发生，是买卖双方都不愿意见到的，买家希望买到满意的商品，卖家也希望能够拥有长期客户。商家应在哪些方面采取措施预防商品纠纷的发生呢？

1）把好进货关，防止不合格商品的流入

在选择供应商时就严格审查对方资质，严格检查商品是否有质量问题，确信所购商品无质量问题才入库。在发货前进行包装时也需要检查卖出商品本身是否存在质量问题，不合格商品及时更换后再发货。

2）详细地进行商品描述

在商品上架之初，就应当站在买家的角度真实准确并尽量详细地描述商品各方面状况，如品质、规格、颜色、使用说明、适用人群、副作用等，并提供真实清晰的图片供客户参考。

（1）多角度图片展示。如果商品规格能够定量描述，那么就要进行定量描述，其他如颜色、材质等参数则要描述准确，或者以清晰的多角度图片进行展示，以多角度展示来描述商品状况，让细节部位也清晰地展示在客户眼前，这样买家在收到货品时，就会觉得商品与其期望值相符，减少发生纠纷的可能性。

（2）商品图片应真实、准确、主体突出，能够让客户很直观地从照片中了解商品的外观情形。不配套的附件最好不要显示在照片中，以免引起客户误解。

（3）特殊用途的商品。特殊用途商品要特别描述，如特殊使用方法、副作用描述、过敏反应等，以免用户无法使用而发生不必要的麻烦；非中文说明应注明中文注意事项；对于特殊商品需要提供鉴定证书，如珠宝、古玩、高档玉石等。

商品描述应客观实际，可以作适当宣传，但不能过分夸大。这样才能让客户认为商家是在诚信经营，从而产生信任感。

阅读资料7-2

售后回访，提升销售额

（1）建立客户档案，定期回访。

（2）节假日信函回访，问候顾客。

（3）电话回访。

3. 商品纠纷的处理建议

对于已经发生的商品纠纷，卖家应该积极寻求解决纠纷的办法。首先要积极承认客户的抱怨，绝不可以对买家的不满抱以置之不理的态度，在了解到买家不满的原因后，应尽快用合适的办法解决问题，至少把客户的不满降到最低点。

对于因质量问题产生的差评，卖家应积极与供货商联系，如果供货商不可能在同等价格水平提供质量更好的产品，卖家应在收到这些差评后，考虑更换同类价格水平的更优质产品，提高供货的性价比。同时要积极向买家解释，告知依据现有的价格水平，无法提供更好的商品，交流过程中要礼貌、态度和气，安抚买家的情绪。

如果是因为商品描述与实物差距大而引起的投诉，就一定要给顾客解释清楚。此种情况要求卖家要清楚地描述商品的实际状况，以免客户产生不当期望。

小提示

怎样确认新买家

无论是在交易中还是在交易后,都要以客户为中心,把客户永远当作上帝,这样才能赢得客户的信赖,才能做好网上销售,提升营业额。

 技能训练

1. 对网店中的某个商品做出准确详细的描述,包括商品规格数据、有效期或保质期、买方可能存在的期望差异等,同时从多角度、细节处理等多方面考虑,上传恰当的图片。

2. 分析网店里商品的优势和劣势,并提出改进建议(提示:可以从性价比、网店定位、市场需求等方面进行分析)。

工作任务3　处理物流纠纷

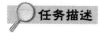 任务描述

1. 产生物流纠纷的情况。
2. 预防物流纠纷产生。
3. 物流纠纷举例及其处理建议。

1. 产生物流纠纷的情况

物流环节是C2C网店经营的一个重要环节,很多买家在收到商品时会提出货品有不同程度的损坏,而卖家又解释是物流公司服务不到位,相互推诿,造成纠纷,货物延迟送达及商品数量不符等,导致顾客的强烈不满。

例1:延迟送达问题投诉。

货物名称:精美欧洲进口巧克力。

顾客差评:巧克力晚了3天才到,而且到的时候都碎了,害我跟男友吵了一架。

例2:货物丢失,实际到货数量与订购数量不符。

货物名称:清脂减肥胶囊400mg×60粒。

顾客差评:骗人,我拍的是一瓶。他却发一颗,哪有吃1颗就减肥的,纯属欺诈。

例3：货物递送失误。

货物名称：考拉玩具树袋抱抱熊。

顾客差评：邮寄单上名字写错了。

2. 预防物流纠纷产生

1）选择信誉好的快递公司

最好选择网店平台推荐的物流公司，这样的物流公司一般网点较多，服务经验丰富，而且有比较完善的在线沟通渠道，联系起来比较方便。卖家最好对物流过程中可能需要的时间做出详细说明，并给出物流公司的具体联系方式，这样不仅可以减少售后的投诉，还可以与买家一起监督物流公司的服务。

2）严格把控物流程序

做好商品的包装工作，防止商品碰撞损坏，尤其是易碎品。保留好各种发货单据，如发票、发货单、保修卡、证书等，以便发生纠纷时能为店家提供足够的证据，保障网店的权益。及时更新货物运输进展的最新情况，方便用户查询货件，避免拖延过久。最好通知买家可供选择的合作物流公司清单，由买家选定，同时与买家确认收货地址是否准确。

及时通知买家准确的发货时间并跟踪到货情况，对客户进行回访，提醒买家到货时应注意的问题。例如，提醒买家到货时如果发现货物外包装损坏，则应向投递员当面指出，并做好拒签手续，保留证据。

3. 物流纠纷处理建议

当纠纷产生后，卖家要做到态度谦虚、有礼貌地答复对方，并能及时处理和解释。对于客户实事求是提出的有关货品包装不满，卖家应及时道歉，并在后续的货品包装中积极改进，避免再产生类似纠纷。

如果买家对卖家所选择的快递公司不满，卖家可以与快递公司协商，要求对方提高服务质量。有的快递公司货到同城后，却不肯送货上门，客户一再投诉却还是有类似情形发生。对于这样的快递公司，卖家应该考虑更换合作伙伴。

应对顾客投诉的方法

（1）及时道歉。

（2）耐心倾听顾客的怨言。

（3）表示同情，给予关心。

（4）态度好，处理动作快。

（5）提出完善的解决方案。

 **技能训练**

1. 针对买家对网店物流环节产生的不满，提出解决方案。
2. 找出网店物流配送过程中疏忽的地方，并提出整改建议。

工作任务4　处理服务纠纷

 任务描述

1. 产生服务纠纷的情况。
2. 预防服务纠纷产生。
3. 服务纠纷处理建议。

1. 产生服务纠纷的情况

例1：

中评：珍珠项链不错，戒指也挺好看，抱枕手感很好，手机挂件也不错，都挺喜欢的，就是卖家态度再好点就好了。

例2：

差评：买数码相机，店主好多专业知识都不懂，还不如我呢，怎么经营店铺？

例3：

货物名称：中式淑女唐装 折扣 特价。

差评：这么久了，还是不理我，只好给你个差评啦！

例4：

货物名称：夏天适用时尚提包。

差评：卖家服务不好，虽然我知道你很忙，但每次也不必和我说话如此简单吧，不是"恩"，就是"好"，一个字一个字地说，太不尊重人了，所以给个差评。

通过以上案例发现，卖家说话太简单、没有及时回复、说话不注意礼貌、不懂专业知识等都很容易引起客户的不满和抱怨。

2. 如何预防服务纠纷发生

1）态度周到热情，对买家提出的问题及时回复

在与客户沟通时，客户能够通过不见面的交流感受到商家的态度。因此卖家应使用礼貌用语，如多用"您好"、"谢谢"、"请"等字眼，做到谦虚得体又不失热情大方，让对方感觉卖家发自内心的诚意和善意。

在客户打算询问一项商品情况时,往往会通过沟通软件平台先跟卖家打招呼。卖家应在最快的时间给予客户答复,让对方知道店家在线并非常在意客户的感受。如果让客户久等,对方就会很快转向竞争对手的网店去寻找相同或相似的商品,造成客户流失。

2)对自己商品的各项指标和具体情况应了如指掌

客户会在购买之前就卖家的商品情况或物流情况提出问题,如果卖家自己也不很清楚,就会给客户不信任的感觉,从而对整个网店产生不信任,影响成交。

卖家可以从自己经营的商品种类着手,补充与商品有关的专业知识。在客户前来咨询时,可以用专业知识和专业的建议给予客户最好的帮助,还可以与客户一起分享相关知识,并通过探讨提升自身专业素质,如图7-12和图7-13所示。

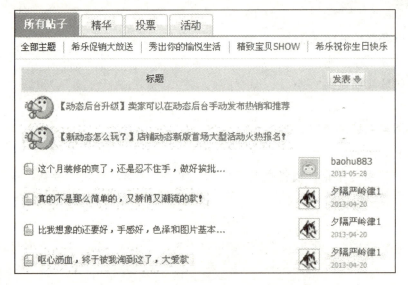

图7-12 网店客户交流区帖子

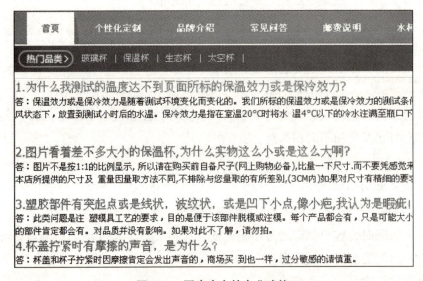

图7-13 网店店主的专业建议

3）从细节关注客户的需要

如温馨提醒、赠送小礼品等，最重要的是关注商品的细节，提供商品细微处的提示。客户能够感受到卖家的用心，自然会很感动，会经常光顾网店。

3. 服务纠纷处理建议

服务纠纷一般表现在两个方面：一是买家对卖家的态度不满，二是买家对快递人员的态度不满。

面对买家对服务方面提出的不满，只要网店经营者采取正确的态度积极处理，一般买家都不会无理取闹。实在解决不了的问题，可以做出解释，买家一般也能够站在卖家的角度考虑问题并表示谅解。买卖双方以良好的心态进行有效沟通，才是解决服务纠纷的根本途径。

阅读资料7-4

树立售后服务的观念

（1）售后服务是整个商品销售过程的重点之一。好的售后服务会带给买家非常好的购物体验，可能使买家成为店铺的忠实用户。

（2）做好售后服务，首先要树立"真诚为客户服务"的售后服务观念。

（3）服务很难做到让所有顾客100%满意，但只要在"真诚为客户服务"的指导下，问心无愧地做好售后服务，相信一定会得到回报。

（4）卖家应该重视和充分把握与买家交流的每一次机会，因为每一次交流都是一次难得的建立感情、增进了解、增强信任的机会。买家也会把他们认为很好的店铺推荐给他们的朋友。

针对网店经营的商品，要求店主找出客户容易提出异议的不足点，并提出应该采取何种方式给予客户贴心提示，将方案做出显示在网店内。

本学习情境主要是针对顾客的投诉及处理展开的。依据导致顾客投诉的原因找出有针对性的解决办法，由于涉及网络销售，也可以通过相关的网络平台处理顾客投诉。当出现了卖家最不愿意看到的差评时，如何处理与解决呢？首先要认真分析原因、寻找对策并第一时间承认错误，然后还要耐心、积极地与客户沟通，争取把影响降到最低，把客户重新争取过来。

当因为所购商品的质量问题而出现纠纷时，卖家要针对具体情况去及时处理，通过联系供应商换货，或者细致耐心做解释等多种途径来解决。

当出现物流纠纷时，卖家应该根据纠纷产生的原因，找出有针对性的解决方法。对于客户实事求是提出的有关货品包装的不满，卖家应及时道歉，并在后续的货品包装中积极改进，避免再产生类似纠纷。如果买家对卖家所选择的快递公司不满，卖家可以与快递公司协商，要求对方提高服务质量，也可以考虑更换快递公司。

卖家应尽量避免服务纠纷的发生，因为服务态度的好坏是主观的、人为的、可控的。一旦发生，要求卖家必须尽快予以解决。

卖家掌握了如何处理与买家之间发生的各种纠纷，不仅能学到知识，而且能调整心态。这样不仅网店的生意会越来越红火，而且客户基本上都愿意再次光顾自己的网店，并且提高好评率。

参 考 文 献

[1] 符莉莎，贺忠，王宏伟. 网络营销[M]. 北京：电子工业出版社，2006.
[2] 简玉刚，郭浩. 网上开店实务[M]. 大连：大连理工大学出版社，2011.
[3] 刘西杰，何秀芳. 拍拍网开店、经营、管理一册通[M]. 北京：人民邮电出版社，2010.
[4] 万守付. 电子商务基础[M]. 北京：人民邮电出版社，2010.
[5] 王若军. 谈判与推销[M]. 北京：清华大学出版社，北京交通大学出版社，2007.
[6] 吴良平. 店铺促销必备全书[M]. 北京：中国城市出版社，2007.
[7] 吴一夫. 开店管店操作细则[M]. 北京：中国商业出版社，2009.
[8] 希望图书创作室. 图形图像处理实用基础教程[M]. 成都：电子科技大学出版社，北京：北京希望电子出版社，2006.
[9] 杨文斌，王瑞莉. 电子商务应用实训[M]. 大连：大连理工大学出版社，2011.
[10] 张劲松. 网上电子支付与结算[M]. 北京：人民邮电出版社，2011.
[11] 浙江淘宝网络有限公司. C2C电子商务创业教程[M]. 2版. 北京：清华大学出版社，2010.
[12] 周建良. 电子商务实务[M]. 北京：清华大学出版社，2010.